Franz Wallner

Der Österreich-Anschluß 1938

Zeitgeschichte in Farbe

ARNDT

Umschlaggestaltung unter Verwendung von zwei Farbfotos von TimePix/Hugo Jäger. Das Titelfoto zeigt das Eintreffen der Wagenkolonne Hitlers am 14. März 1938 in Wien.

Der vordere Vorsatz zeigt eine kolorierte Holzschnitt-Karte mit dem Titel „Deutschland und angrenzende Gebiete", die zwischen 1925 und 1934 von den Künstlern Rudolf Koch und Fritz Kredel geschaffen wurde. Der hintere Vorsatz zeigt eine Schmuckkarte mit dem Titel „Die deutsche Ostmark" von K. Opitz und stammt aus dem Jahre 1938.

Alle Farbfotos im Buch, soweit sie nicht ausdrücklich einen anderen Fotografenhinweis zeigen, stammen von TimePix/Hugo Jäger. Alle s/w.-Fotos: Archiv des Verlages

Bibliographische Information der Deutschen Bibliothek
Die Deutsche Bibliothek verzeichnet diese Publikation in der Deutschen Nationalbibliographie; detaillierte bibliographische Daten sind im Internet über http://dnb.ddb.de abrufbar.

ISBN 3-88741-056-4

© 2003 ARNDT-Verlag. Alle Rechte vorbehalten

ARNDT-Verlag
Postfach 3603, D-24035 Kiel

Gedruckt in Österreich

Einführung

Der deutsche Volksraum in Europa

Österreich ist seit Jahrhunderten ein integraler Bestandteil des deutschen Volksraumes. Bei der Geschichte Österreichs handelt es sich daher nicht etwa lediglich um Regionalgeschichte, sondern um authentische Geschichte des deutschen Kernraumes.

„Das römisch-deutsche Reich [...] war nicht plötzlich da, es wurde nicht gegründet; es entstand und reifte über Jahrhunderte."[1] Auch der deutsche Volksraum war keine vorgegebene, natürliche Einheit, sondern das Ergebnis des Zusammenschlusses der festländischen Westgermanenstämme, der Alamannen, Bayern, Thüringer, Friesen, Sachsen mit den rechts-rheinischen Franken unter der Herrschaft Karls des Großen und der daraus resultierenden gemeinsamen Geschichte im östlichen Teil- und Nachfolgereich der Karolinger. Erst im Laufe der Jahrhunderte wuchs der Wille dieser Stämme zum vereinten politischen Handeln, wodurch schließlich das kollektive Bewußtsein einer Schicksals- und Volksgemeinschaft entstand.

Die Entwicklung des deutschen Volksraumes wurde wesentlich durch die kontinuierlichen Einflüsse und interdependenten Wechselwirkungen von nationalen und partikularen Strömungen, von Kämpfen der Dynastien und Konfessionen sowie den machtpolitischen Grundwidersprüchen zwischen Reich und Papsttum geprägt.

Ein Beispiel hierfür war der im letzten Viertel des 11. und dem ersten des 12. Jahrhunderts tobende sogenannte Investiturstreit, bei dem es sich um die folgenschweren geistigen und politischen Auseinandersetzungen zwischen Papsttum und Königtum um die Abgrenzung der beiderseitigen Einflußsphären handelte; ein Streit,

der die weitere Geschichte des Reiches und damit auch Österreichs entscheidend mitbestimmte. Der Egoismus der deutschen Fürsten und dessen zentrifugale Wirkungen auf den Zusammenhalt des Reiches trugen entscheidend zu den Erfolgen des Papsttums und zur Entmachtung der deutschen Kaiser bei.

Das Reich Karls des Großen

Wie bedeutend der Anteil Österreichs an der historischen Entwicklung des deutschen Volksraumes war, läßt sich bereits an einigen wenigen Schlaglichtern darstellen: Die Geschichte des Heiligen Römischen Reiches begann mit Karl dem Großen (768–814), der das Awarenreich vernichtete und die erste Ostmark gründete. Unter seiner Herrschaft wuchs der Einflußbereich des fränkischen Reiches, der Vorstufe des „Ersten Reiches", auch im Südosten um erhebliche Gebiete. Karl verstand sich als Haupt der Reichskirche und Schirmherr der Christenheit mit dem Ziel der Erneuerung des Römischen Reiches, woraus sich die Bezeichnung Sacrum Imperium, Heiliges (Römisches) Reich, ableitete.

Unter seinen Enkeln zerfiel das Frankenreich: Karl der Kahle erhielt das Westreich, Kaiser Lothar wurde mit Lotharingien der Mittelteil des Reiches (von Friesland bis Burgund) sowie Italien zugesprochen, und Ludwig der Deutsche wurde Herr über das Ostreich.

In der Zeit der Ottonen (936–1024), der Sachsenkaiser, wurde für das ostfränkische Reich der Name „Reich der Deutschen" gebräuchlich: „Das Wort deutsch, althochdeutsch *diutisc*, *theodisk*, mittellateinisch *theodiscus* bedeutet im 8./9. Jahrhundert volkssprachig, nichtlateinisch. Schon im

9. Jahrhundert wird jedoch die Sprachbezeichnung zum Volksnamen für die Stämme des Ostfrankenreichs, die seitdem ein gemeinsames Volksbewußtsein bezeugen. Deutschland als geographisch-kulturräumlicher Begriff kommt im Mittelalter überwiegend als zusammengesetzter Plural vor (*tiutschiu lant*) und wird erst im 15./16. Jahrhundert zu einer Worteinheit."² Als eigentlicher Gründer des „Ersten Reiches" gilt der Sachsenkönig Heinrich I. (875–936).

Otto der Große (912–973) gründete die zuvor schon bairisch besiedelte Mark Österreich (als Ostarrichi im Jahre 996 erstmals urkundlich erwähnt).

976 belehnte Kaiser Otto II. den Franken Luitpold von Babenberg mit der Ostmark, dessen Nachkommen die Grundlage für die Eigenständigkeit und den kontinuierlichen Gebietszuwachs des Landes schufen und seit Beginn des 11. Jahrhunderts durch Heiraten mit Saliern und Hohenstaufen zu den bedeutenden Geschlechtern des Reiches aufstiegen. Im Laufe der Jahrhunderte erfolgte durch Grenzverschiebungen eine erhebliche Erweiterung der Mark nach Osten und Südosten. 1156 wurde die Markgrafschaft Österreich durch Kaiser Friedrich Barbarossa von Bayern losgelöst und zum Herzogtum erhoben.

König Rudolf von Habsburg, der seit 1273 die Krone des Reiches trug, belehnte 1278 seine Söhne mit dem Erbe der Babenberger. Durch den Erwerb des Doppelherzogtums Österreich-Steiermark legte das Haus Habsburg die Basis für seine spätere Bedeutung und sein wachsendes politisches Schwergewicht.

Mit dem von den Kurfürsten 1438 zum deutschen König gewählten Albrecht II. gelangte nach vielen Jahren die Krone erneut an Habsburg, wo sie bis zum Ende des Heiligen Römischen Reiches verblieb.

Mit Kaiser Friedrich III. (1415–1493), dem ersten Habsburger, der Träger der deutschen Kaiserkrone war, begann der eigentliche Aufstieg des Hauses Habsburg. Er war der letzte deutsche König, der sich in Rom zum Kaiser krönen ließ, fortan galt der von den Kurfürsten Gewählte zugleich als Kaiser des Heiligen Römischen Reiches Deutscher Nation; dieser Terminus wurde in seiner Regierungszeit zum ersten Mal verwendet und sollte als Ausdruck eines gestärkten Nationalbewußtseins den überwiegend deutschen Charakter des Reiches betonen. Die Buchstabenfolge an seinen Bauten A.E.I.O.U. (*Austria et imperium optime unita*, „Österreich und das Reich sind am besten in einer Hand" oder in anderer Auslegung „Alles Erdreich ist Österreich Unterthan") dokumentierte sein Selbstverständnis und seinen Machtanspruch. Ihm war bewußt, daß seine Dynastie das Reich auf Dauer nur dann erfolgreich würde beherrschen können, wenn sie zur stärksten Macht unter den deutschen Fürstentümern emporstieg. In diesem Sinne bahnte er den Anschluß des großen burgundischen Erbes an sein Haus an; dies war naturgemäß zugleich Hausmachts- und Reichspolitik.

Kaiser Maximilian I. (1459–1519) legte durch seine Heirat mit Maria von Burgund sowie mit zwei Doppelhochzeiten seiner Kinder den Grundstein zur habsburgischen Weltmacht, da die Habsburger durch die Verbindung mit Spanien einerseits zu Herrschern über zwei Reiche wurden, andererseits eine strategische Umklammerung Frankreichs erreichten. Durch diese von streng dynastischen Gesichtspunkten gesteuerte Heiratspolitik gewann das Haus Habsburg in kurzer Zeit ein Weltreich, das von Spanien und seinen Kolonien über Burgund bis nach Böhmen und Ungarn reichte. Die Folge war ein sich durch Jahrhunderte ziehender Kampf mit Frankreich um die Vormachtstellung in Europa. Außerdem blieb seit Mitte des 15. Jahrhunderts für Jahrhunderte auch der Expansionsdrang der Türken eine große Gefahr für Österreich, das eine territoriale Schildmauer gegen die osmanische Militärmonarchie bildete.

Zur Sicherung des Landfriedens, aber auch im Interesse militärischer, polizeilicher und steuerlicher Aufgaben realisierte Maximilian die von seinen Vorgängern vergeblich angestrebte Reichsreform, durch die das Reich in mehreren Schritten in zwölf Kreise eingeteilt wurde. Diese Kreisordnung bestand über die Auseinandersetzungen

Mit Karl dem Großen begann die Geschichte des Heiligen Römischen Reiches Deutscher Nation, das bis 1806 bestand.

der Reformationszeit und des Dreißigjährigen Krieges (1618–1648) hinweg bis zum Ende des alten Reiches 1806.

Der Maximilian I. nachfolgende Karl V. (1500–1558) konnte – wegen des Zuwachses durch die von Spanien erworbenen Gebiete in der Neuen Welt – schließlich von seinem Reich sagen, daß die Sonne in ihm nie untergehe. In seine Regierungszeit fiel auch der Beginn von Reformation und Gegenreformation. Da er sich als Schirmherr des Katholizismus verstand und um die Einheit des Reiches fürchtete, verhängte er über Martin Luther (1483–1546) die Reichsacht und verbot die Verbreitung der neuen Glaubenslehre durch das Wormser Edikt (1521). Allerdings resultierte die Reformation nicht nur aus religiösen Motiven. Viele deutsche Fürsten konvertierten nur deshalb zum lutherischen Glauben, um sich katholischen Kirchenbesitz anzueignen und um eine Stärkung kaiserlicher Zentralmacht zu verhindern. Diese religiösen und machtpolitischen Gegensätze führten 1618 zum Ausbruch des Dreißigjährigen Krieges, der sich zu einem Krieg zwischen Habsburg und Frankreich um die europäische Vorherrschaft entwickelte.

„1648 war Mitteleuropa vollkommen erschöpft, die Westfälischen Friedensverträge repräsentierten die Ankündigung einer existenziellen Katastrophe des Heiligen Römischen Reiches Deutscher Nation."[3]

Der Westfälische Friede vom 24. Oktober 1648 führte zu einer elementaren Änderung des bisherigen politischen Systems. Die Macht des Kaisers und der Stände war gebrochen, das Reich zu einer Vielzahl souveräner Einzelstaaten umgeformt, und der Absolutismus setzte sich durch. Damit waren für den Gestalter der französischen Politik, Kardinal Richelieu, seine Hauptziele erreicht, Habsburg zu schwächen, Frankreich aus lange währender spanisch-österreichischer Einkreisung zu befreien und die französische Grenze weiter zum Rhein vorzuschieben.

Nach dem Aussterben der spanischen Habsburger im Jahre 1700 führte Frankreich mit Unterstützung Bayerns und Kur-Kölns gegen den Kaiser, der Brandenburg und Hannover als Bundesgenossen hatte, den Spanischen Erbfolgekrieg (1701–1714). Der Frieden von Rastatt war vor allem ein Gewinn für Großbritannien und die von ihm verfolgte europäische Gleichgewichtspolitik, welche eine Vorherrschaft anderer europäischer Großmächte verhindern sollte.

Nachdem die männliche Linie der Habsburger durch den Tod Karls VI. 1740 ausgestorben war, geriet die habsburgische Erbin Maria Theresia in eine prekäre Lage, da auch der Wittelsbacher Kurfürst von Bayern, Karl Albrecht, die habsburgische Erbfolge beanspruchte und hierbei insbesondere von Frankreich unterstützt wurde. Diese Situation führte zum Österreichischen Erbfol-

Kaiserin Maria Theresia, Erzherzogin von Österreich, mußte 1763 Schlesien an Friedrich II. von Preußen abtreten. Für die Schlesier wechselte ihre Heimat jedoch nur von einem deutschen Land in ein anderes.

gekrieg (1740–1748), in dem die aufstrebende Macht Preußen unter Friedrich II. mit einem kühnen Handstreich die Gelegenheit nutzte und Schlesien zurückeroberte.[4]

Der Zerfall des Ersten Reiches

Um Schlesien, jedoch gleichzeitig auch um Reichs- und europäische Machtpolitik ging es im Siebenjährigen Krieg (1756–1763) zwischen Preußen und Österreich, mit dem Friedrich der Große sein Ziel erreichte, Preußen im deutschen Reich als Österreich ebenbürtigen Staat zu etablieren.

Das revolutionäre Frankreich und auch Napoleon setzten die Expansionspolitik der französischen Könige fort. Der österreichische Kaiser Franz II. trug in den drei Koalitionskriegen (1792–1797, 1799–1802 und 1805) gegen die Franzosen die Hauptlast des deutschen Abwehrkampfes. Von den anderen deutschen Fürsten wurde er hierbei zunehmend im Stich gelassen. Preußen schloß mit Frankreich im Ersten Koalitionskrieg einen Sonderfrieden, in den beiden folgenden Koalitionskriegen blieb Preußen neutral.

Die Gebietsgewinne Napoleons führten zu einer territorialen Neuordnung des Reiches durch den Reichsdeputationshauptschluß von 1803.[5] Diese Strukturreform, die auch eine starke Reduzierung der zahlreichen deutschen Staaten und die Aufhebung vieler Adelsherrschaften mit sich brachte – wobei Österreich im Gegensatz zu den deutschen Mittelstaaten und Preußen stark benachteiligt wurde –, bereitete den Boden für die Gründung des Rheinbundes. Durch diesen wurde Napoleon „Protektor" der 16 rheinischen Bundesstaaten, die aus dem Reichsverband ausschieden und Verbündete Frankreichs wurden. 1804 nahm Kaiser Franz II. „als (vorweggenommene) Antwort auf die (bevorstehende) Kaiserkrönung Napoleons"[6] den Titel eines erblichen Kaisers von Österreich an. Die Niederlegung der römischen Kaiserkrone am 6. August 1806 durch Kaiser Franz II. auf Druck Napoleons bedeutete das Ende des Heiligen Römischen Reiches Deutscher Nation.

Napoleon erreichte die Hegemonie Frankreichs auf dem Festland und schien, wie zum Beispiel der Ausgang der Koalitionskriege zeigt, unbesiegbar. Erst die Katastrophe seines Rußlandfeldzuges leitete 1812 seinen Niedergang ein, sie war gleichzeitig das Fanal für eine nationale Erhebung in Preußen und Deutschland.

Die deutschen Befreiungskriege von 1813/14 übten in den folgenden Jahrzehnten einen gravierenden Einfluß auf die deutsche Nationalbewegung aus, da sie als „Volkskrieg" – so der Dichter Theodor Körner – mit der Chance zur Neugründung des Deutschen Reiches begriffen wurden. Die Problematik des nationalen Staates, einer freiheitlichen Verfassung und eines gerechten sozialen Gefüges beherrschte das gesamte 19. Jahrhundert. Die durch den Wiener Kongreß der Staatsoberhäupter und Minister Europas von 1814/15 eingeleitete Neuordnung des europäischen Staatensystems erfüllte diese Erwartungen des nationalen und liberal-konstitutionellen Bürgertums auf politisches Mitspracherecht nicht. Der österreichische Staatskanzler Klemens Wenzel Fürst von Metternich (1773–1859), der die Ergebnisse des Wiener Kongresses und bis 1848 quasi die gesamte europäische Politik bestimmte, verfolgte hauptsächlich das Ziel einer Restauration der alten Fürstenmacht: „Wie einst durch den Westfälischen Frieden die deutschen Verhältnisse ausländischen Mächten unterstellt worden waren, so erhielten durch die ‚Wiener Bundesakte vom 8. Juli 1815' die mitunterzeichneten auswärtigen Großmächte gewissermaßen die Vormundschaft über den ‚Deutschen Bund'; denn jede Verfassungsänderung mußte künftig von England, Frankreich, Rußland, Schweden, Spanien, Portugal genehmigt werden."[7] Schon damals zog sich Fürst von Metternich den Haß der deutschen Patrioten zu, die ihm vorwarfen, daß er die Neugründung des Deutschen Reiches hintertrieben habe und für die territoriale Zersplitterung und die Interessengegensätze der beiden Großmächte Österreich und Preußen verantwortlich sei.

Durch die staatliche Neugliederung wurde Österreich ein territorial abgeschlossener Staat, der nicht mehr so stark mit den nördlichen deutschen Staaten verklammert war und sich als „Donaumonarchie" mehr nach Südosten orientierte.

Das Aufkeimen des Patriotismus

Der Deutsche Bund, der unter österreichischer Leitung stand, blieb nur so lange funktionsfähig, wie die beiden Großmächte Österreich und Preußen sich einig waren. Die Spannung der ungelösten deutschen Frage blieb ständig auf der Tagesordnung, da die nationalen Bewegungen sich trotz der zunehmend repressiven Maßnahmen seitens der Regierungen nicht den Mund verbieten ließen, und löste sich in revolutionären Bewegungen, den sogenannten Märzereignissen, vor allem in den Zentren Berlin, Frankfurt und Wien.

„1848 verbanden sich alle ungelösten Probleme nationaler und sozialer Art wie trockene Holzscheite zum Feuer einer europaweiten Revolution, als deren Ziel in den Augen vieler Vorkämpfer die Bildung eines Europa der demokratischen und konstitutionellen Nationalstaaten galt."[8]

Schon zu diesem Zeitpunkt drohte die Habsburger Monarchie auseinanderzubrechen. Die Tschechen und Magyaren strebten nach Autonomie – zunächst noch im Rahmen des Gesamtstaates –, die Italiener verlangten Befreiung vom „habsburgischen Joch". In Wien erhoben sich die Deutschösterreicher und forderten Anschluß an das neu zu gründende Deutsche Reich.

Die gewaltsamen Erhebungen[9] und die Gegenmaßnahmen der Regierungen führten zu blutigen Straßenkämpfen, die zahlreiche Opfer forderten.

Die Nationalversammlung, die aus Mitgliedern aller deutschen gesetzgebenden Körperschaften und anderen angesehenen Männern bestand – die große Mehrheit von ihnen waren Burschenschafter –, sollte in der Frankfurter Paulskirche die Wahl zu einem verfassunggebenden „deutschen Parlament" vorbereiten. Ein nahezu unlösbares Problem war in diesem Zusammenhang die Einbeziehung der Deutschen Österreichs in den zu errichtenden deutschen Bundesstaat, ohne gleichzeitig die staatliche Existenz Österreichs zu untergraben. Erstmals „kamen die Worte ‚großdeutsch' und ‚kleindeutsch' auf; die Einigung Deutschlands ohne Österreich war die kleindeutsche, mit Österreich die großdeutsche Lösung"[10]. Die heftigen Diskussionen führten zur kleindeutschen Lösung mit dem Hintergedanken, daß die Deutschen Österreichs zu einem späteren Zeitpunkt doch noch integriert werden könnten. Der preußische König, Friedrich Wilhelm IV., versetzte diesem Kompromiß durch die rüde Ablehnung der ihm von der Nationalversammlung angetragenen Kaiserwürde den Todesstoß. Im Mai 1848 zogen sowohl Österreich als auch Preußen ihre Abgeordneten aus der Versammlung ab und sprachen den verbleibenden Delegierten die Legitimation ab, für die deutsche Nation zu sprechen.

Am 2. Dezember 1848 dankte Kaiser Ferdinand I. ab, dem sein Neffe Franz Joseph I. auf den Thron folgte. Die Jahre danach waren gekennzeichnet von einem Wiedererstarken der Donaumonarchie durch das Zusammenwirken von Dynastie, Armee und Bürokratie und die Einrichtung einer neoabsolutistischen Regierungsweise. Außerdem wurde das ursprüngliche österreichisch-preußische Einvernehmen in den Jahren bis 1866 mehr und mehr durch den wachsenden Gegensatz zwischen den beiden deutschen Großmächten abgelöst.

Mit der Ernennung Otto von Bismarcks zum preußischen Ministerpräsidenten im Jahre 1862 begann eine neue Ära im preußisch-österreichischen Dualismus.

Auf dem von Kaiser Franz Joseph I. 1863 einberufenen Fürstentag in Frankfurt scheiterte der letzte Versuch Österreichs, seine Vormachtstellung in Deutschland auszubauen, am Widerstand Preußens.

Über die Frage der Zukunft der im gemeinsamen Waffengang von 1864 befreiten schleswigholsteinischen Gebiete brach am 15. Juni 1866 der „Deutsche Bruderkrieg" zwischen Preußen und Österreich aus, den Preußen gewann. Der Frieden von Prag am 23. August 1866 regelte die Neuordnung Deutschlands. Österreich schied aus dem Deutschen Bund aus, wurde von der Mitwirkung bei der Bildung des deutschen Nationalstaats ausgeschlossen und aus Deutschland verdrängt, konnte aber seine Stellung als Großmacht behaupten.

Verfassungskämpfe schufen 1867 durch den österreichisch-ungarischen Ausgleich den Doppelstaat Österreich-Ungarn, in dem der Kaiser von Österreich zugleich auch König von Ungarn war. Das Band zwischen den beiden Teilen, Österreich und Ungarn, war so locker, daß man von einer „Monarchie auf Kündigung" sprach. Die Dezemberverfassung von 1867 brachte der österreichischen Reichshälfte die endgültige Einführung des konstitutionellen Regierungssystems verbunden mit liberalen Grundrechten.

Zu dem Toleranz versprechenden Nationalitätengesetz in Ungarn von 1868 im Widerspruch stand eine scharfe und zentralistische, sich gegen die deutsche Bevölkerung richtende Magyarisierungspolitik. Die Nationalitätenprobleme des Vielvölkerstaates bekamen in den folgenden Jahrzehnten zunehmende Bedeutung.

Das Bismarck-Reich

Nach dem preußischen Sieg im Deutsch-Französischen Krieg gelang die kleindeutsche Reichsgründung, die Voraussetzung für die Bildung des deutschen Nationalstaates und die preußische Hegemonie in Deutschland war. Bismarck erstrebte einen Weg, der den süddeutschen Fürsten den freiwilligen Eintritt in das Reich ermöglichen sollte. Seine Verfassung mußte deshalb föderalistisch und konstitutionell sein. Am 18. Januar 1871 wurde im Spiegelsaal des Schlosses von Versailles das „Zweite Reich" gegründet. Die Reichsverfassung begründete das erbliche Kaisertum der Hohenzollern mit dem Titel „Deutscher Kaiser". Dieses Kaiserreich schloß nun jedoch Millionen Deutsche in Österreich aus, das – genauso wie Preußen – nur mit einem Teil seines Territoriums dem Heiligen Römischen Reich und dann

Die Germania als Allegorie auf das Deutschtum zierte 1848 die Frankfurter Paulskirche. Austria und Germania zusammen symbolisieren die „großdeutsche" Lösung der Nationalstaatenfrage.

dem Deutschen Bund angehört hatte, und überwand reichsintern auch nicht die partikularen Strömungen. Dies resultierte letztlich aus der Entstehung des Reiches: Nicht die in sich gespaltene Nationalbewegung, sondern die preußische Armee vollbrachte das Einigungswerk. Die Reichsverfassung vermochte daher nicht wirklich integrierend zu wirken, so daß berechtigterweise – im Vergleich zu Westeuropa – von einer „unvollendeten Nation" gesprochen wurde.

„Wir haben gesehen, wie Bismarck den kleinen Nationalstaat schuf, um den größeren zu verhindern, und das alte Reich der Habsburger zu einer von Deutschland getrennten Eigenexistenz zwang [...] Zwei Reiche, das eine ein deutscher Nationalstaat, das andere teilweise deutsch, deutsch seinem Ursprung, seiner Dynastie, seiner Behauptung nach, gleichzeitig aber ein paar Dutzend nichtdeutschen Völkern [...] ein labyrinthisch gebautes Heim gewährend – im Zeitalter des Nationalismus konnte das wohl keine endgültige Ordnung der Dinge sein [...] Die Habsburger Monarchie war ein Überbleibsel aus der Vergangenheit, der einzige nicht-nationale Großstaat im Zeitalter des Nationalismus."[11]

Durch die von der Regierung intensiv geförderte Slawisierung sahen die Deutschösterreicher ihre Interessen zunehmend beeinträchtigt. Dieser Prozeß führte zu einer inneren Abwendung der Deutschen Österreichs vom Staat und verstärkte ihr Streben nach einem gemeinsamen Reich für alle Deutschen.

Nachdem Österreich-Ungarn und das Deutsche Reich 1879 ein enges Verteidigungsbündnis geschlossen hatten, wurde dieses durch den Beitritt von Italien im Jahre 1882 zum sogenannten Dreibund erweitert.

Der Erste Weltkrieg und seine Folgen

Die inneren Schwierigkeiten der Donaumonarchie verschärften sich in den folgenden Jahrzehnten stetig. Die nach Bismarcks Ausscheiden dilettantisch betriebene Außenpolitik des Deutschen Reiches führte zu dessen Isolierung und die „Kette unglückseliger Verstöße gegen Bismarcks geniale Bündnispolitik"[12] zu immer neuen Krisen. Anfang des 20. Jahrhunderts standen sich in Europa zwei machtpolitische Lager gegenüber: einerseits der Dreibund aus Österreich-Ungarn, Deutschem Reich und Italien und andererseits die Entente, das Zweierbündnis von Frankreich und England. Die Hauptkontrahenten waren England und Deutschland, obwohl es zwischen ihnen keine weltpolitischen Gegensätze gab. England sah jedoch das Deutsche Reich als Rivalen, dieses wiederum war beherrscht von der Furcht vor politischer Einkreisung. Außerdem sah England die Gefahr, daß Rußland durch

Bündniswechsel zur Schlüsselmacht Europas und somit zur Gefahr für die englische Weltstellung werden könnte. Die zwei Marokkokrisen zwischen Deutschland und Frankreich sowie die beiden Balkankrisen zwischen Österreich und Rußland spitzten die politischen Gegensätze weiter zu, so daß die Chancen für eine Lösung der Spannungen auf diplomatischem Wege immer geringer wurden.

Die Ermordung des österreichischen Thronfolgers Erzherzog Franz Ferdinand am 28. Juni 1914 durch den Serben Gavrilo Princip in Sarajewo war demzufolge nicht Ursache, sondern lediglich Anlaß des Ersten Weltkrieges. Folgende Bemerkung des damaligen russischen Ministerpräsidenten Iwan Longinowitsch Goremykin zeigt deutlich die antideutsch aufgeheizte Stimmung und die eigentlichen Ziele der späteren Siegermächte: „Der Krieg gilt nicht dem Deutschen Reiche und Österreich-Ungarn, er gilt dem Deutschtum schlechthin!"[13]

Nach dem Tod Kaiser Franz Josephs I. bestieg der Großneffe des Kaisers, Karl I., am 22. November 1916 den Thron. Nicht zuletzt im Hinblick auf die aussichtslose Kriegslage erließ er am 16. Oktober 1918 das Manifest zur Umwandlung der Donaumonarchie in einen Bundesstaat. Als daraufhin verschiedene Völker Österreich-Ungarns auf ihr Selbstbestimmungsrecht pochten und ihre Unabhängigkeit erklärten, verzichtete Karl I. am 11. November 1918 für Österreich, am 13. November für Ungarn auf die Krone. Die Friedensschlüsse von Saint Germain am 10. September 1919 und Trianon am 4. Juni 1920 zerstückelten sein Reich in verschiedene Nachfolgestaaten, unter denen sich auch die Republik Deutschösterreich befand.

So brachte die militärische Katastrophe des Ersten Weltkrieges einerseits das Ende des „Zweiten Deutschen Reiches" und sprengte andererseits die Doppelmonarchie Österreich-Ungarn auseinander.

Ursachen und „Schuldfrage" des Ersten Weltkrieges gingen auf vielfältige Wirkungszusammenhänge zurück. Eine zeitgenössische Stimme kann hier exemplarisch für die Stimmung in Deutschland und in Deutschösterreich nach dem Ersten Weltkrieg stehen: „Ferner ist der Krieg letzten Endes nicht aus einer Reihe von kleinen Einzelhandlungen und Zufälligkeiten entstanden, sondern aus dem *Willen zum Kriege*. Unsere Gegner seien deshalb daran erinnert, daß Deutschland keine Ziele kannte, die durch den Krieg zu verwirklichen waren. Es gab im Frieden bei uns keine Kriegsziele. Dies wissen auch unsere Feinde, und das ist die Lücke, an der ihre ganze Beweisführung scheitert. Deshalb erfanden sie auch das lächerliche Märchen von dem deutschen Streben, die Welt zu unterjochen. Kriegsziele, wie die Eroberung der Dardanellen, die Aufteilung Österreich-Ungarns, die Rückgewinnung Elsaß-Lothringens, die Vernichtung des deutschen Wettbewerbes, bestanden bei unseren Gegnern schon seit Jahren und Jahrzehnten [...] Bei der Beurteilung der Schuld am Kriege spielt die Frage ‚cui bono' eine ausschlaggebende Rolle. Die Antwort auf diese Frage gibt der Versailler Vertrag. Denn er verwirklicht Ziele, die unsere Feinde schon vor dem Kriege verfolgt haben, und die nur durch den Krieg verwirklicht werden konnten."[14]

Zahlreiche Politiker, so etwa der britische Premier Lloyd George, der amerikanische Außenminister Robert Lansing und der Nationalökonom John Maynard Keynes, sahen wie die Revolutionsführer in Rußland voraus, daß die Verträge von Versailles, Saint Germain und Trianon nahezu zwangsläufig zu einem Revanchekrieg führen würden.[15]

Die Behauptung von der Verantwortung Österreich-Ungarns und des Deutschen Reiches für den Krieg diente vor allem zur Rechtfertigung der Gebietsannexionen und Reparationsforderungen der Alliierten.

Die materiellen wie immateriellen Folgen der ungerechten Friedensdiktate mit all ihren negativen Auswirkungen waren die Voraussetzung für die Instabilität und das Scheitern der Weimarer Republik sowie den Aufstieg des Dritten Reiches. Insoweit trugen die Siegermächte von 1918 für den weiteren Verlauf der deutschen und österreichischen Geschichte eine entscheidende Verantwortung. Hierauf zielte auch der spätere erste deutsche Bundespräsident Theodor Heuss ab, als er 1932 schrieb: „Die Geburtsstätte der nationalsozialistischen Bewegung ist nicht München, sondern Versailles."[16]

Deutschösterreich, dessen staatsrechtlicher Gründungstag[17] der 30. Oktober 1918[18] war und das seit dem 21. Oktober 1919 die Bezeichnung Republik Österreich trug, wurde von den Siegern ähnlich rüde behandelt wie das Deutsche Reich. Auch die österreichische Delegation wurde in Saint Germain nicht an den Verhandlungen beteiligt, und dieser Friede war ebenfalls kein Vertrag, sondern ein Diktat.

„Verhandlungen im echten Sinn des Wortes, ein Ausdiskutieren entgegengesetzter Standpunkte, das Finden einer halbwegs erträglichen Lösung eben im Verhandlungswege, ein derartiger Vorgang fand in Saint Germain nicht statt. Das ahnte man eigentlich schon allein deshalb, da zuvor mit dem Deutschen Reich in Versailles bereits in einer Weise verfahren worden war, die auch für Deutschösterreich Schlimmes befürchten ließ: Man hatte den deutschen Verhandlungspartnern ein Vertragskonvolut einfach zur Annahme vorgelegt, sozusagen gerade im Hinblick auf die fortdauernde Lebensmittelblockade nach der Methode ‚Friß, Besiegter, oder stirb'. Und dies geschah nun auch gegenüber der deutschösterreichischen Delegation."[19]

Auf den Zusammenschluß mit dem Deutschen Reich, den die provisorische Nationalversammlung der Deutschösterreicher bereits am 12. November 1918 bei gleichzeitiger Deklaration der republikanischen Staatsform verkündet hatte, mußte Österreich verzichten, genauso wie auf die Bezeichnung Deutschösterreich. Durch das Verbot dieser seit Jahrhunderten gebräuchlichen Bezeichnung sollte jede Verbindung mit Deutschland getilgt werden. Artikel 88 des Diktats von Saint Germain und Artikel 80 des Diktats von Versailles setzten gleichlautend das Anschlußverbot[20] fest. Die reichsdeutsche Regierung nahm in ihren Gegenvorschlägen zu den Friedensbedingungen deutlich Stellung: „Im Artikel 80 wird die dauernde Anerkennung der Unabhängigkeit Österreichs in den durch den Friedensvertrag der alliierten und assoziierten Regierungen mit Deutschland festgelegten Grenzen verlangt. Deutschland hat nie die Absicht gehabt und wird sie nicht haben, die deutsch-österreichische Gren-

Am 7. Mai 1919 überreichte Georges Benjamin Clemenceau um drei Uhr nachmittags im Hotel Trianon-Palace in Versailles vor der Vollversammlung der Friedenskonferenz der deutschen Delegation den Text des Friedensvertrages. In Artikel 80 fordert dieser die „Unabhängigkeit Österreichs".

Wien im Jahre 1919: Schon logistische und wirtschaftliche Gründe ließen viele Österreicher der vormaligen Doppelmonarchie Österreich-Ungarn um die Zukunft fürchten. Eine Lösung erblickte man in der Wiedervereinigung mit dem nördlichen Nachbarn zu einem Staat, zu „Großdeutschland".

ze gewaltsam zu verschieben. Sollte aber die Bevölkerung Österreichs, dessen Geschichte und Kultur seit tausend Jahren auf das engste mit dem deutschen Stammlande verbunden ist, wünschen, den erst in jüngster Zeit durch kriegerische Entscheidung gelösten staatlichen Zusammenhang mit Deutschland wieder herbeizuführen, so kann Deutschland sich nicht verpflichten, dem Wunsche seiner deutschen Brüder in Österreich sich zu widersetzen, da das Selbstbestimmungsrecht der Völker allgemein und nicht lediglich zu ungunsten Deutschlands gelten muß. Ein anderes Verfahren würde den Grundsätzen der Kongreßrede des Präsidenten Wilson vom 11. Februar 1918 widersprechen."[21]

Unter eklatantem Bruch des Selbstbestimmungsrechtes der Völker wurde auch Deutschösterreich territorial erheblich verstümmelt,[22] zahlreiche Gebiete wurden ohne Volksabstimmung abgetrennt und anderen Staaten zugeschlagen – das Sudetenland fiel an die Tschechoslowakei, Südtirol und das Kärntner Kanaltal an Italien und Teile Kärntens sowie die Südsteiermark an Jugoslawien –, wobei den Grenzziehungen zahlreiche Übergriffe gegen die deutschen Bewohner der jeweiligen Gebiete vorausgingen. Auch damals stand das Siegerrecht über dem Selbstbestimmungsrecht.

Die Republik Österreich

Die innerösterreichische Entwicklung hatte nicht nur eine politische, sondern auch eine bedeutende wirtschaftliche Dimension, da gleichzeitig mit dem Zerfall der Donaumonarchie ein wirtschaftlicher Großraum zerstört war. Vor allem Deutschösterreich war hiervon stark betroffen, und die Zukunftschancen des jungen Staates wurden allgemein düster beurteilt. Die wirtschaftliche und finanzielle Lage war insbesondere während der revolutionären Nachkriegsphase in den Jahren 1918/19 überaus angespannt, und das Land konnte nur mit ausländischer Hilfe überleben. Das politische Leben wurde von dem elementaren Gegensatz zwischen den sozialdemokratisch beherrschten wenigen großen Städten, wie z.B. Wien, und klerikal-konservativen Landesteilen mit vielen Kleinstädten und Dörfern bestimmt. Aus den etwa gleich starken Kräften der Sozialdemokraten und des Bürgerblocks wurden im Laufe der Jahre der Ersten Republik feindliche Lager. 1919 erhielten die Sozialdemokraten bei den Wahlen zur verfassunggebenden Nationalversammlung mit 40,76 % der Stimmen zwar deutlich mehr als die Christlichsozialen und stellten zweimal den Staatskanzler, allerdings konnten in der Wahl vom Oktober 1920 und den folgenden Wahlen mit Hilfe der kleinen nationalen Gruppe die Christlichsozialen als stärkste Partei eine bürgerliche Koalitionsregierung bilden. Die Sozialdemokraten blieben dauerhaft in der Opposition.

Die wirtschaftlichen Probleme Österreichs ähnelten auch in den Krisenjahren 1920 bis 1922 denen der Weimarer Republik und waren geprägt durch Währungsverfall, stetigen Preisanstieg, Knappheit an Lebensmitteln, Kohle und anderen lebensnotwendigen Gütern.[23] Erst die Regierung Seipel konnte durch den Abschluß der Genfer Protokolle am 4. Oktober 1922 die Währung sanieren und damit die Voraussetzung für den Wiederaufbau des notleidenden Staates schaffen.[24] „Die wirtschaftliche und finanzielle Lage besserte sich rasch. Österreich hatte eine Krise überwunden, die die Grundlagen der Gesellschaft erschüttert hatte – aber nicht aufgrund eigener Anstrengungen, sondern dank der Hilfe des Völkerbundes und der Großmächte."[25]

Diese wirtschaftliche und finanzielle Abhängigkeit belastete die gesamte Phase der Ersten Republik genauso wie die Militarisierung der politischen Gegensätze durch Gründung bewaffneter Verbände: die Heimwehren waren den Christlichsozialen bzw. dem Bürgerblock und der Republikanische Schutzbund den Sozialdemokraten zuzurechnen. Diese Organisationen beherrschten das politische Leben der Republik immer mehr. In den Jahren 1923 bis 1927 wurde die österreichische Wirtschaft langsam wieder in Gang gebracht, und Teile von Industrie und Landwirtschaft konnten beachtliche Produktionssteigerungen aufweisen. Die Währung blieb jahrelang stabil, und größere politische Stabilität stellte sich ein. Doch diese positive Entwicklung konnte kein festes Vertrauen in die Zukunft des Staates herbeiführen, da sie an der Oberfläche blieb und die inneren Gegensätze des Staates sich nicht auflösten, sondern verschärften. Der soziale Abstieg des Mittelstandes, der schon im Krieg eingesetzt hatte, setzte sich fort und führte zu hoher Arbeitslosigkeit und damit zur Verelendung breiter Schichten des Kleinbürgertums.

„Aber aller Fortschritt, der nach den Jahren des Weltkrieges und dessen Folgen erzielt worden war, sollte durch die Katastrophe des Juli 1927 zunichte gemacht werden. Sie öffnete die alten Wunden und bewies aufs neue, wie brüchig die politischen Zustände in Österreich waren."[26] Als im Januar 1927 in dem burgenländischen Ort Schattendorf bei einer sozialdemokratischen Kundgebung zwei Personen von Angehörigen einer Frontkämpferorganisation erschossen wurden, brachen in Wien Protestdemonstrationen und landesweit ein kurzzeitiger Generalstreik aus.

Nachdem die Schützen dieses Attentats am 14. Juli 1927 von einem Wiener Geschworenengericht freigesprochen worden waren, brachen Arbeiterunruhen aus, und in Wien wurde der Justizpalast angezündet. Auf unmittelbare Regierungsanweisung erteilte der Polizeipräsident von Wien den Befehl, in die Menge zu schießen. Am 15. Juli 1927 fanden hierdurch 89 Menschen den Tod, darunter vier Polizisten. Hunderte von Polizisten und Demonstranten wurden verletzt. Daraufhin wurde von den Gewerkschaften[27] der Generalstreik ausgerufen, der jedoch nach drei Tagen zusammenbrach. Die Ereignisse führten zu heftigen politischen Diskussionen und wurden auch im Ausland aufmerksam registriert. Die englische Zeitung *Manchester Guardian* brachte die Ereignisse in Zusammenhang mit dem Verbot des Anschlusses und dem durch ausländische Intervention unter den Österreichern hervorgerufenen Widerstand: „Es kann kein Zweifel bestehen, daß die Anschlußidee einer tief verwurzelten Sehnsucht des deutschen Nationalbewußtseins entspricht, und sich ihr entgegenzustellen, ist gleichbedeutend mit einer rückwärts gerichteten Auffassung von Europa."[28] Aber Frankreich blockiere den Anschluß, die Nachfolgestaaten die Donauföderation, und Italien blockiere beides. „Österreich muß sich des Rechts beraubt fühlen zu leben, so gut es könne, und das ist kaum sehr großartig. Und es wird nicht das letzte Mal sein, daß tiefwurzelnde Unzufriedenheit in Form von blutigen Zusammenstößen zwischen zwei Klassen von Österreichern aufflammt."[29]

Die innenpolitische Szenerie Österreichs hatte sich von Grund auf verändert. Der zunehmende Aufstieg der Heimwehren ließ auf lange Zeit eine stark konservativ gefärbte Republik erwarten. Die Sozialdemokraten und die Gewerkschaften standen in der Defensive und sahen ihre Zukunft aufgrund dieser Rahmenbedingungen äußerst skeptisch.

Auf Druck der Heimwehren wurde im Jahre 1929 die Verfassung dahingehend geändert, daß die Stellung des Bundespräsidenten gegenüber dem Parlament gestärkt wurde. Ähnlich wie in

Die herausragenden Vertreter des Austrofaschismus, v.l.n.r.: Ernst Rüdiger Fürst von Starhemberg, Major Emil Fey, Bundeskanzler Engelbert Dollfuß, Bundespräsident Wilhelm Miklas und Heeresminister Carl Vaugoin.

Der starke Wille zur Vereinigung mit dem Deutschen Reich, der auch durch das Diktat von Saint Germain nicht zu brechen war, zeigt sich an den zahlreichen Deklarationen und Volksabstimmungen, die in diesem Zusammenhang stattfanden:

6. Oktober 1918: Die Länder Deutschösterreichs forderten die Bildung eines selbständigen Staates und erwogen zugleich den Anschluß an das Deutsche Reich.

12. Oktober 1918: Die steirische Zeitung *Arbeiterwille* verlangte den Anschluß ans Deutsche Reich.

16. Oktober 1918: Das *Grazer Tagblatt* verlangte den Anschluß ans Deutsche Reich.

12. November 1918: Anschlußerklärung der Provisorischen Nationalversammlung mit der Aussage, Deutschösterreich sei ein „Bestandteil der Deutschen Republik".

13. November 1918: Die Deutschen in Böhmen und Mähren erklärten gleichfalls den Anschluß ans Deutsche Reich.

18. November 1918: Erste Sitzung der Provisorischen Landesversammlung in Oberösterreich, in der das Einverständnis mit dem Anschluß an das Deutsche Reich erklärt wurde.

12. März 1919: Die Konstituierende Nationalversammlung erklärte erneut Deutschösterreich zum Teil der Deutschen Republik.

14. März 1919: Die Nationalversammlung bestätigte die bestehenden Beschlüsse.

16. März 1919: Die Regierung Renner wiederholte die Anschlußerklärung Österreichs an Deutschland vom 12. November 1918.

7. Juni 1919: Staatssekretär für Äußeres Otto Bauer erklärte den Anschluß an das „deutsche Mutterland" als einzige Chance Österreichs zu überleben.

5.–7. September 1920: erster Reichsparteitag der neugegründeten Großdeutschen Volkspartei, die im Parteiprogramm vom Gedanken der Volksgemeinschaft ausging und den Anschluß ans Deutsche Reich forderte.

1. Oktober 1920: Die Resolution des Abgeordneten Sepp Straffner betreffs Volksabstimmung auf Bundesebene über den Anschluß an das Deutsche Reich binnen sechs Monaten wurde von der Konstituierenden Nationalversammlung einstimmig angenommen.

23. November 1920: Der Salzburger Landtag setzte eine Kommission für den Anschluß an Deutschland ein, die auch den Anschluß für ganz Österreich vorbereiten sollte.

20. Januar 1921: Der Landtag in Tirol beschloß die Durchführung einer Volksabstimmung über den Anschluß an das Deutsche Reich.

8. April 1921: Der steirische Landtag setzte sich mit der Frage des Anschlusses an das Deutsche Reich auseinander.

24. April 1921: Die Volksabstimmung in Tirol brachte eine Mehrheit von 98,8 % für den Anschluß an das Deutsche Reich.

27. April 1921: Die Landesregierung in Oberösterreich verzichtete auf selbständige Abstimmung, wollte eine bundesweite Abstimmung abwarten.

7. Mai 1921: In der Steiermark wird ein paritätischer Ausschuß zur Vorbereitung einer Anschluß-

der Weimarer Verfassung sollte er nun direkt vom Volke gewählt und mit wesentlich erweiterten Kompetenzen ausgestattet werden.

Das Fundament für die weitere Entwicklung Österreichs in den dreißiger Jahren wurde bereits in den zwanziger Jahren gelegt. Die inneren politischen Spannungen in Österreich verstärkten sich und dies bereits vor dem Beginn der Weltwirtschaftskrise. In der Zeit von 1929 bis 1932 verschlechterten sich die Lebensbedingungen breiter Bevölkerungsschichten spürbar. Im Jahre 1930 erreichten die direkten Auswirkungen der 1929 ausgelösten Weltwirtschaftskrise auch Österreich. Die gravierendsten Folgen der Krise zeigten sich in einem raschen Ansteigen der Arbeitslosigkeit und einer drastischen Senkung des Lohnniveaus. Österreich, dessen Wirtschaft sehr vom Außenhandel abhängig war, sah sich in ganz Europa immer größeren Einfuhrbeschränkungen und Handelsbarrieren gegenüber, und die österreichischen Exporte gingen drastisch zurück.

Die Landtags- und Gemeindewahlen des Jahres 1932 brachten einen sprunghaften Anstieg der Wählerbasis der Nationalsozialisten und starke Einbrüche bei den Stimmenanteilen der bürgerlichen Parteien, wogegen die Sozialdemokraten ihre Stimmanteile im Vergleich zu vorangegangenen Wahlen in etwa halten konnten.

Die schwere Wirtschaftskrise führte zu einer anhaltenden innenpolitischen Instabilität, die sich in ständig wechselnden Regierungen und unsicheren parlamentarischen Verhältnissen dokumentierte. Die Heimwehren verloren zunehmend ihre Bedeutung zu Gunsten der aufsteigenden Nationalsozialisten Österreichs. Aber diese waren erheblich schwächer als die reichsdeutsche Schwesterpartei und auf deren Hilfe angewiesen.

Die Regierung Dollfuß

Seit dem 20. Mai 1932 befand sich die Regierung Dollfuß im Amt, die über eine parlamentarische Mehrheit von nur einer Stimme verfügte. „Sie gewann nur mit größter Schwierigkeit die Zustimmung des Parlaments für die neue Anleihe von 300 Millionen Schilling, weil die an diese geknüpften Bedingungen unter anderem – gegen britische Opposition – ein neues Verbot des Anschlusses und der Zollunion mit Deutschland enthielten. So war Regierung auf Regierung gefolgt, und keine hatte Stabilität gebracht oder einen Weg aus der politischen und wirtschaftlichen Krise zeigen können."[30]

Die Regierungsübernahme Hitlers im Deutschen Reich am 30. Januar 1933 wirkte sich auf die inneren Verhältnisse Österreichs extrem verschärfend aus. Die massiven ausländischen Hilfsmaßnahmen, auf die Österreich seit Jahren angewiesen war, standen unter der kategorischen Bedingung, daß Österreich sich jeder politischen Annäherung an Deutschland enthalten müsse. Die österreichischen Nationalsozialisten setzten sich jedoch offensiv für den Anschluß Österreichs an das Deutsche Reich ein, während Dollfuß strikt gegen den Anschlußgedanken war und das „Vaterland Österreich" der Einigungssehnsucht der Deutschen entgegen stellte.

Am 4. März 1933 gab der Rücktritt der drei Präsidenten des Nationalrates wegen einer Geschäftsordnungsfrage Engelbert Dollfuß den fragwürdigen Anlaß, das Parlament aus dem politischen Prozeß auszuschalten. Damit wurde das Ende der parlamentarischen Demokratie in Österreich besiegelt.

Dollfuß regierte in der Folge mit Notverordnungen aufgrund eines Ermächtigungsgesetzes aus dem Jahre 1917, das zwar formal nicht aufgehoben war, sich jedoch eindeutig auf die völlig anders gelagerten Verhältnisse während des Krieges bezog. Alle politischen Versammlungen und die traditionellen Maiaufmärsche wurden verboten, ein Streikverbot wurde erlassen, der Republikanische Schutzbund und die Kommunistische Partei verboten, die Sozialdemokratische Partei sowie Wiener Gemeinderat und Landtag aufgelöst und weitere undemokratische Maßnahmen mehr.

Am 19. Juni 1933 wurde die österreichische Nationalsozialistische Partei verboten und konnte nur noch illegal weiterarbeiten. Hitler war sich allerdings sicher, daß die Partei bei einer Wahl stärkste Partei werden könne. Er glaubte, daß Dollfuß entgegen der allgemeinen Stimmung in der Bevölkerung beabsichtigte, den deutschen Nationalgedanken zu eliminieren und stattdessen den österreichischen Separatismus zu forcieren.

„Es bestünde die Gefahr, ,daß Deutschland dadurch endgültig sechs Millionen Menschen verliert, die einem ,Verschweizerungsprozeß' entgegengehen' – wie Hitler es in einer Ministerbesprechung im Mai 1933 ausdrückte. Daher verhängte Deutschland einschneidende wirtschaftliche Maßnahmen, um den Zusammenbruch der Regierung Dollfuß zu bewirken, und gleichzeitig wurde alles versucht, um Neuwahlen herbeizuführen."[31]

Am 1. Mai 1934 wurde in Österreich die austrofaschistische Verfassung verkündet. Der austrofaschistische Staat war nach dem autoritären Führungsprinzip aufgebaut, lehnte sich zum Teil an den italienischen Faschismus an und hatte mit diesem auf der Ebene der Ideologie, der Ansprüche, der Struktur und der Auswirkungen nicht unerhebliche Gemeinsamkeiten.

Im Februar 1934 warf die autoritäre Regierung Dollfuß einen Aufstand der Sozialdemokraten nieder, wobei es zu blutigen Straßenkämpfen in Wien und anderen großen österreichischen Städ-

abstimmung gebildet. – Die Ententemächte drohten mit schwersten Sanktionen, soweit Volksabstimmungen über den Anschluß an Deutschland stattfänden, daher bestand nationale Uneinigkeit über das weitere Vorgehen.

12. Mai 1921: Ein Bundesgesetz über bundesweite Anschlußabstimmung wurde beschlossen, ohne einen Termin festzusetzen.

29. Mai 1921: Die Volksabstimmung in Salzburg brachte eine Mehrheit von 99,3 % für den Anschluß an Deutschland. – Die für Steiermark und Kärnten vorgesehenen Volksabstimmungen über den Anschluß ans Deutsche Reich fanden aufgrund der Interventionen Frankreichs und Italiens nicht statt.

4. Oktober 1922: Der ehemalige Staatskanzler Karl Renner (SPÖ) verurteilte die Genfer Protokolle, die Österreich internationale Kredite gewähren mit der Bedingung, daß Österreich für 20 Jahre unabhängig bliebe (d.h. auf Anschluß an Deutschland verzichtete) und erklärte den Anschluß an das Deutsche Reich, „zu dem wir der Natur der Dinge nach gehören"[32], als einzige Lösung.

26. März 1923: Der reichsdeutsche Gesandte Maximilian Pfeiffer berichtete über mehrmalige Besprechungen mit Landeshauptleuten von Salzburg, Oberösterreich und Vorarlberg sowie mit dem Tiroler Landespolitiker Richard Steidle über Probleme des Einzelanschlusses der betreffenden Länder an Bayern. Die Anschlußidee sei trotz des Staatsvertrages und der Genfer Protokolle noch immer lebendig.

28. April 1925: Anschlußkundgebung der Nationalsozialisten in Wien unter dem Motto „Heim ins Reich!"

9. Juni 1925: Der ehemalige Bundeskanzler Ignaz Seipel erklärte auf einer Pressekonferenz, das Anschlußverbot sei „eine ungeheure Inkonsequenz".[33]

19. Oktober 1926: Die *Wiener Neuesten Nachrichten* begrüßten die bevorstehende Kabinettsbildung durch Seipel und erwarteten u.a. „das Festhalten am Anschlußgedanken und die Vermeidung aller Schritte, die einmal eine Vereinigung der beiden Reiche erschweren oder gar verhindern könnten".[34]

27. Dezember 1926: Seipel beschäftigte sich im *Münsterschen Anzeiger* mit Fragen der Anschlußpolitik.

19. Mai 1927: Bundeskanzler Seipel wies in seiner Regierungserklärung auf die durch gemeinsame Abstammung und Kultur begründete enge Beziehung zu Deutschland hin.

19. März 1931: Plan einer Zollunion mit Deutschland.[35] Die Großmächte sahen in der Zollunion eine Vorstufe zum Anschluß Österreichs an Deutschland; Frankreich, Italien und die Tschechoslowakei erhoben Widerspruch gegen die Zollunion, die hierauf letztlich vom Völkerbund untersagt wurde.

15. Juli 1932: Starke nationale Erregung wegen Annahme des Lausanner Protokolls, wonach Österreich eine Völkerbundanleihe von über 300 Millionen Schilling mit der Auflage erhielt, bis 1952 keine wirtschaftliche oder politische Union mit Deutschland einzugehen.

ten kam. Daraufhin löste Dollfuß sämtliche Parteien in Österreich auf. Eine nationalsozialistische Erhebung am 25. Juli 1934, bei der Dollfuß während eines Handgemenges im Bundeskanzleramt ums Leben kam, scheiterte.[36]

Die Regierung Schuschnigg

Nachfolger von Dollfuß wurde Kurt von Schuschnigg, dessen Regierung den autoritären Kurs beibehielt und mit harten Maßnahmen gegen die österreichischen Nationalsozialisten vorging. Mit der Zeit gewann Schuschnigg zwar an politischer Statur, und sein Regime wurde auch wirtschaftlich stabiler, aber seine Regierung war politisch nach wie vor sehr schwach. Der Austrofaschismus entzog sich durch seine Maßnahmen selbst den Boden, indem seine Wirtschafts-, Haushalts- und Sozialpolitik zur Verschärfung der sozialen Konflikte wesentlich beitrug. Das Abkommen Österreichs mit dem Deutschen Reich vom 11. Juli 1936 brachte zwar eine Verbesserung der Handelsbeziehungen, jedoch mußte Schuschnigg nun die österreichischen Nationalsozialisten tolerieren und konnte auch nicht mehr auf die Unterstützung Italiens zählen, das am 25. Oktober 1936 mit Deutschland einen Freundschaftsvertrag abschließen sollte. Mussolini teilte Schuschnigg Anfang 1937 mit, daß Italien in der Anschlußfrage nicht mehr hinter Österreich stehe.

Außerdem wurde noch während der Herrschaft des Austrofaschismus eine Art „innerer Anschluß" vollzogen. Aufgrund des Juli-Abkommens von 1936 wurden auch zwei „nationale" Minister in die Regierung Schuschnigg aufgenommen, die eine Amnestie für straffällig gewordene Nationalsozialisten erließ. Im Gegenzug erkannte Hitler Österreich als selbständigen „zweiten deutschen Staat" an.

„Die inneren Schwierigkeiten für die Wiener Regierung wuchsen 1937 bedrohlich an. In Berlin wiederum setzten sich Anfang 1938 diejenigen durch, die für eine rasche, notfalls gewaltsame Lösung des Österreich-Problems plädierten, um so mehr, als über die Haltung der österreichischen Bevölkerung weder bei den Freunden noch bei den Gegnern des Anschlusses Zweifel bestanden und der stellvertretende englische Außenminister Lord Halifax bei einem Besuch im November 1937 Hitler in Berchtesgaden erklärt hatte, daß verschiedene Änderungen in Europa notwendig seien. Halifax erwähnte namentlich Österreich, Danzig und die Tschechoslowakei."[37]

Bei dieser Sachlage war Schuschnigg bereit, dem Vorschlag des deutschen Botschafters Franz von Papen zu einem Treffen mit Hitler zuzustimmen, das am 12. Februar 1938 in Berchtesgaden stattfand.

An dieser Stelle ist jedoch zuerst ein Rückblick auf die Wurzeln und die Entwicklung der österreichischen nationalsozialistischen Bewegung – mit Seitenblick auf die parallele Entwicklung der reichsdeutschen Schwesterpartei – nötig.

Die NSDAP und Österreich

Die Geschichte der Nationalsozialistischen Deutschen Arbeiterpartei (NSDAP) in Österreich[38] läßt sich in ihrem ideologischen Gedankengut bis in das 19. Jahrhundert in der Donaumonarchie, vor allem in der „Schönerer-Bewegung" zurückverfolgen.

1903 wurde in Aussig (Nordböhmen) die Deutsche Arbeiterpartei (DAP) gegründet, die sich 1918 in Deutsche Nationalsozialistische Arbeiterpartei umbenannte. Diese erreichte bei den Wahlen zur Nationalversammlung erste Achtungserfolge (1919: 0,7 %, 1920: 0,89 % der Stimmen). Schon im Winter 1919/20 wurden von den Wiener Nationalsozialisten erste Kontakte zur Münchner NSDAP[39] geknüpft. Diese ging auf die am 5. Januar 1919 gegründete Deutsche Arbeiterpartei zurück, als deren bestimmende Figur schnell Adolf Hitler in Erscheinung getreten war.

Im Februar 1920 errangen die Nationalsozialisten im sudetendeutschen Troppau einen bemerkenswerten Wahlsieg und konnten damit den dortigen Bürgermeister stellen,[40] was sich ermutigend auf die österreichischen Nationalsozialisten auswirkte. Am 7./8. August 1920 wurde in Salzburg die Tagung der nationalsozialistischen Parteien Deutschlands, Österreichs und der Sudetendeutschen sowie der Deutschsozialistischen Partei veranstaltet. Hierbei trat erstmals Hitler als Sprecher der Münchner NSDAP auf. Danach fanden eine verstärkte Zusammenarbeit und reger Redneraustausch zwischen den jeweiligen Parteien statt. Hitler sprach 1920 noch in Innsbruck, Salzburg, Hallein, Wien, St. Pölten, im April 1921 in Linz,[41] am 28. Dezember 1921 in Wien, am 15. Juni 1922 erneut in Wien, wohin er erst 1938 wieder zurückkehrte[42]. Die österreichischen Nationalsozialisten gerieten immer mehr unter den Einfluß der Hitlerbewegung.[43]

Am 9. November 1923 scheiterte Hitlers Putsch in München. Seine Partei wurde im gesamten Deutschen Reich verboten, er selbst wurde zu fünf Jahren Festungshaft verurteilt und saß vom 11. November 1923 bis 20. Dezember 1924 in der Festung Landsberg ein.

„Der Hitlerputsch in München vom November löste in Österreich kein Echo aus. Die österreichischen Nationalsozialisten seien ‚zahlenmäßig schwach', aber machten ‚rasche Fortschritte' – in Wien gebe es etwa 2.000 Mitglieder und viele Sympathisanten, und es herrsche ‚strenge Disziplin'. Nach dem Ausschluß der Gemäßigten unter Dr. Riehl […] wurde berichtet, daß die Partei von einem Fünferausschuß geleitet werde, über den die deutschen Nationalsozialisten strenge Aufsicht ausübten […] Die Partei plane ferner

Massendemonstrationen gegen die Verträge von Saint Germain und Versailles und den französischen Einmarsch ins Ruhrgebiet, für die sie mit Unterstützung durch viele andere Rechtsorganisationen rechnen könne."[44]

Der Vorsitzende der österreichischen Nationalsozialisten, der Rechtsanwalt Dr. Walter Riehl, hatte in der Frage der Parteistrategie eine von Hitler grundlegend abweichende Auffassung: „Niemand kann ernstlich wollen, daß vielleicht dauernd die Masse der Bevölkerung von staatlichen Rechten ausgeschlossen sei. Die nationale Diktatur ist eine Übergangsform in Zeiten höchster nationaler Not, keine staatsrechtliche Dauerform."[45] Daher trat Dr. Riehl Ende August 1923 zurück, was zu einer schweren Krise der österreichischen Partei führte, die zu diesem Zeitpunkt immerhin 34.000 Mitglieder in 118 Ortsgruppen zählte. Die Partei spaltete sich in eine Riehl-Gruppe und einen Hitler-Flügel.[46]

Nachdem die NSDAP im Deutschen Reich am 27. Februar 1925 neu gegründet worden war, stieg sie – trotz verschiedener Rückschläge – mit ständig steigenden Mitgliederzahlen (1928: 100.000; Anfang 1933: 1,4 Millionen) zur bedeutendsten politischen Kraft in Deutschland auf.

Bei den Reichstagswahlen am 14. September 1930 erhielt sie mehr als 6,3 Millionen Stimmen und zog (anstelle der bisherigen zwölf Abgeordneten) mit 107 NSDAP-Abgeordneten als zweitstärkste Fraktion in den Reichstag ein. In einem ostpreußischen Wahlkreis war sie nun bereits die stärkste Partei.

Bei den Reichstagswahlen am 31. Juli 1932 verzeichnete die NSDAP mit 37,3 % der Stimmen und 230 Mandaten ihren größten Wahltriumph, mußte aber bei den kurz darauf folgenden Wahlen vom 6. November 1932 einen Rückgang auf 33,5 % hinnehmen und sich mit 196 (von 584) Sitzen zufriedengeben. Hitler wurde am 30. Januar 1933 von Reichspräsident Paul von Hindenburg zum Reichskanzler berufen und bildete eine Regierung der nationalen Konzentration. Nach Auflösung des Reichstages am 1. Februar 1933 wurde am 5. März erneut gewählt. Die NSDAP wurde mit 288 (von 647) Mandaten und 43,8 Prozent stärkste Partei. Aufgrund des demokratisch verabschiedeten Ermächtigungsgesetzes vom 24. März 1933 bekam Hitler die Möglichkeit, „zur Behebung der Not von Volk und Reich" ohne Mitwirkung des Reichstages regieren zu können. Es folgte der systematische Umbau der parlamentarischen Republik zum Einparteien- und Führerstaat. Im Zuge der Machtsicherung vollzog sich von der kommunalen bis hin zur Reichsebene eine wechselseitige Durchdringung von Partei- und Staatsapparat. Die Weimarer Verfassung war zwar nicht formell aufgehoben, aber faktisch überwunden.

In Österreich verlief die Entwicklung für die NSDAP nicht mit einem so stürmischen Auf-

wärtstrend wie für ihre reichsdeutsche Schwesterpartei. Dies resultierte nicht zuletzt aus der fehlenden Homogenität der österreichischen nationalsozialistischen Bewegung, die zwischen 1923 und 1926 zu mehreren Spaltungen, Richtungsstreitigkeiten und ideologischen Machtkämpfen geführt hatte. Die Partei blieb aber mit ihren Aktionen kontinuierlich im öffentlichen Bewußtsein, so etwa bei ihrer führenden Beteiligung an einem Eisenbahnerstreik im November 1924 oder mit der Kundgebung vom 28. April 1925 in Wien. Diese stand unter dem Motto „Heim ins Reich!" und sollte „dem Herrn Außenminister, aber auch aller Welt deutlich zeigen, welches der wahre Wille des deutschen Volkes von Wien tatsächlich ist!"[47]

Am 29. August 1926 wurden die österreichischen Nationalsozialisten auf einer Führerkonferenz der reichsdeutschen NSDAP durch Einrichtung eines Gaues Ostmark der deutschen Parteileitung organisatorisch unterstellt.

Die österreichischen Nationalsozialisten waren jedoch bedeutend schwächer als ihre deutschen Parteigenossen; bei den Wahlen vom November 1930 erhielten sie nur drei Prozent der Stimmen und kein einziges Mandat. Um die gleiche Zeit wurde die NSDAP im Deutschen Reich mit 18 Prozent der Stimmen bereits zur zweitstärksten Partei. „Doch unter dem Einfluß der deutschen Erfolge wandelte sich auch das Geschick der österreichischen Nationalsozialisten, vor allem im Jahre 1932."[48]

In diesem Jahr gelang dem österreichischen Nationalsozialismus auf dem Höhepunkt der nationalen Wirtschaftskrise bei den Landtagswahlen der Durchbruch zur Massenpartei mit erheblichen Stimmenanteilen (Wien: 17 %; Niederösterreich: 14 %; Salzburg: 29 %; Vorarlberg 11 %).

Nach ihrem Verbot im Juni 1933 ging die Partei in die Illegalität, strebte verstärkt den Zusammenschluß Österreichs mit Deutschland an und erhielt von dort erhebliche Unterstützung. Viele Nationalsozialisten flohen aus Furcht vor Strafverfolgung nach Deutschland und wurden auf Weisung Hitlers in Bayern zur Österreichischen Legion zusammengefaßt. Daraufhin ließ die österreichische Bundesregierung am 23. Januar 1934 in Berlin eine Protestnote überreichen und forderte die Zusicherung über künftige Nichteinmischung in die inneren Angelegenheiten Österreichs, andernfalls werde Österreich den Völkerbund anrufen. Am 1. Februar wies die deutsche Reichsregierung die erhobenen Beschuldigungen zurück.

Nach dem mißglückten Putsch der österreichischen Nationalsozialisten vom 25. Juli 1934[49] verfügte Hitler die Auflösung der Landesleitung der NSDAP in Österreich, die Beendigung der Pressekampagne gegen Österreich und die ausschließliche Befassung des Auswärtigen Amtes mit österreichischen Fragen. Von nun an setzte er auf ein Infiltrationskonzept, das durch den deutschen Botschafter Franz von Papen realisiert werden sollte. Im österreichischen Nationalsozialismus entwickelten sich jetzt zwei Strömungen, einerseits der kleinere Parteiflügel, der eine Regierungsbeteiligung anstrebte und sich daher mit der Regierung arrangieren wollte. Andererseits jener dominierende Teil der Partei, der für einen bedingungslosen Konfrontationskurs gegenüber der Regierung eintrat.

Mit dem Abkommen vom 11. Juli 1936 zwischen Österreich und Deutschland[50] wollte Hitler die Beziehungen zwischen Deutschland und Österreich normalisieren und den österreichischen Nationalsozialisten wieder eine legale Betätigung ermöglichen. Durch dieses Abkommen entzog er den Vertretern des Konfrontationskonzepts die Unterstützung und arrangierte sich direkt mit der österreichischen Regierung. Noch bis Ende 1937 war Hitler hinsichtlich des österreichischen Problems dafür, „daß man eine evolutionäre Lösung weiterverfolgen solle"[51]. Die österreichischen Nationalsozialisten waren durch das unerwartete Abkommen zuerst tief geschockt, und erst erklärende Informationen aus Deutschland führten zu ihrer Beruhigung.

Die NSDAP Österreichs war aufgrund der jahrelangen Führungsstreitigkeiten, die teilweise zu verbissenen Machtkämpfen geführt hatten, tiefgreifend zersplittert. Es hatten sich daher parteiintern verschiedene Machtzentren in den einzelnen Ländern und Gebieten Österreichs herausgebildet, und das Verhältnis zwischen Führung und Basis war häufig gestört. Hinzu kam, daß Hitler verschiedene österreichische Schlüsselpositionen mit reichsdeutschen Funktionären besetzte und auf die Wünsche der österreichischen Organisation wenig Rücksicht nahm. Beispielsweise betraute Hitler im Juli 1937 den SS-Gruppenführer Wilhelm Keppler mit der Behandlung des Österreich-Problems und damit auch mit den dortigen Parteiangelegenheiten. Weitere wichtige Vertreter eines subversiven und aggressiven Parteikurses waren Friedrich Rainer und Odilo Globocnik, die von der SS plaziert worden waren. Im Gegensatz zu ihnen vertrat der mehr in der Öffentlichkeit stehende Dr. Arthur Seyß-Inquart – der im Februar 1938 Innen- und Sicherheitsminister und als Nachfolger Kurt von Schuschniggs auch „Ein-Tages-Kanzler" werden sollte – eine evolutionäre Entwicklung des Nationalsozialismus in Österreich.

Aufgrund des Juli-Abkommens von 1936 berief von Schuschnigg am 4. Februar 1937 einen aus Nationalsozialisten gebildeten Siebenerausschuß, die als seine Vertrauensleute fungieren sollten.

Schuschniggs Verstoß gegen das Berchtesgadener Abkommen

Am 5. November 1937 legte Hitler bei einer Besprechung mit den Oberbefehlshabern der Wehrmacht in Anwesenheit von Außenminister Constantin Freiherr von Neurath seine außenpolitischen Pläne dar und erklärte u.a. die Angliederung Österreichs als Nahziel.

Das bilaterale Lösungskonzept des Berchtesgadener Abkommens mit Kurt von Schuschnigg vom 12. Februar 1938, mit dem Hitler erneut über die Köpfe der österreichischen Parteiorganisation hinweg entschied, war der letzte Schritt zur Verwirklichung des nationalen Traumes von einem Großdeutschland, der Vereinigung aller Deutschsprachigen in einem Reich.

1918/19 hatten die Alliierten ihre machtpolitischen Überlegungen entgegen all ihren Proklamationen für Demokratie und Selbstbestimmung der Völker durchgesetzt und den Deutschöster-

Die dem italienischen Faschismus nahestehende Diktatur von Schuschniggs ahmte auch äußerlich (siehe Bild) die Symbolik der autoritären Regime Europas nach. Parlamentswahlen waren 1933 abgeschafft worden. Insofern überraschte es sogar seine Anhänger, als von Schuschnigg nun am 9. März 1938 eine Volksabstimmung gegen eine Wiedervereinigung ansetzte. Doch dieser Plan erwies sich als nicht durchführbar.

reichern durch das Anschlußverbot die Selbstbestimmung verwehrt, die sie den Nationen der Polen und Tschechen gewährten. Es war nun aufgrund des Erstarkens des Deutschen Reiches an der Zeit, das singuläre Problem der Deutschen, die – im Gegensatz zu allen anderen großen europäischen Kulturnationen – in zwei Staaten lebten, zu lösen und Österreich mit dem Deutschen Reich zu vereinigen.[52] Dies war z.B. auch Benito Mussolinis Auffassung, der bereits 1937 dem Reporter John Whitaker von der *New York Herald Tribune* in einem Interview unmißverständlich erklärt hatte: „Im nächsten Frühjahr werde ich Hitler auffordern, [...] Österreich dem Deutschen Reich anzuschließen."[53] In der Zwischenzeit war nämlich durch die abessinische Krise und den Spanischen Bürgerkrieg die Achse zwischen Rom und Berlin geschmiedet und Österreich isoliert worden. Kurt von Schuschnigg konnte sich daher der bisherigen Unterstützung Mussolinis nicht mehr sicher sein und stimmte deshalb am 7. Februar 1938 dem Vorschlag des deutschen Botschafters von Papen zu, sich am 12. Februar 1938 mit Hitler in Berchtesgaden zu treffen.

Das Gespräch begann in durchaus freundlicher Atmosphäre, aber Hitler steigerte sich bald mit heftigen Vorwürfen gegen die österreichische Politik in eine zunehmend härter werdende Sprache. „Schuschniggs Politik wurde als dauernder Verrat der Interessen Deutschlands verurteilt"[54] und für die Verschlechterung der Beziehungen zwischen Wien und Berlin verantwortlich gemacht. Hitler ließ keinen Zweifel daran, daß der Anschluß Österreichs nur noch eine Frage der Zeit sei. Er verlangte, den Nationalsozialisten ungehinderte politische Betätigung zu ermöglichen, alle aus politischen Gründen verurteilten Nationalsozialisten binnen dreier Tage zu amnestieren und Dr. Seyß-Inquart zum Innen- und Sicherheitsminister zu ernennen. Außerdem sollte die österreichische Wirtschaft in die deutsche integriert werden. Von der deutschen Wehrmacht sollten bis zu 100 Austauschoffiziere in das österreichische Bundesheer und ebenso viele österreichische Offiziere in die deutsche Wehrmacht versetzt werden. Die unmittelbare Klärung der Anschlußfrage forderte Hitler zu diesem Zeitpunkt allerdings nicht.

Kurt von Schuschnigg erklärte sich mit diesen Bedingungen grundsätzlich einverstanden, und das Berchtesgadener Abkommen wurde von seiner Regierung am 15. Februar 1938 ratifiziert.[55]

Hitler ließ daraufhin eine Presseerklärung herausgeben, nach der die beiden Kanzler am 12. Februar ein Abkommen geschlossen hatten, das zu einem engen und freundschaftlichen Verhältnis beider Staaten führen sollte.

Das nach außen harmonische Einvernehmen zwischen beiden Regierungen wurde allerdings schon nach kurzer Zeit gestört. Obwohl die englische Presse zunächst das Berchtesgadener Abkommen begrüßt hatte, sprach sie nun von der „Vergewaltigung Österreichs". Hermann Göring erfuhr über geheimdienstliche Quellen, daß Großbritannien Wien zur Sabotierung des getroffenen Abkommens anstiftete und machte dem englischen Botschafter Neville Henderson am 16. Februar 1938 heftige Vorhaltungen wegen der Einmischungen der Engländer.

Am 20. Februar 1938 hielt Hitler eine dreistündige Rede in der Krolloper, wo der Reichstag seit dem Brand im Reichstagsgebäude im Jahre 1933 tagte. Er bezeichnete das Abkommen von Berchtesgaden als Ergänzung im Rahmen des Abkommens vom 11. Juli 1936, lobte ausdrücklich von Schuschniggs staatsmännisches Verhalten und dankte ihm für „das große Verständnis und die warmherzige Bereitwilligkeit". Zur Anschluß-Frage führte er aus: „Zwei der an unseren Grenzen liegenden Staaten umschließen eine Masse von zehn Millionen Deutschen. Sie sind gegen ihren Willen durch die Friedensverträge an einer Vereinigung mit dem Deutschen Reich gehindert worden [...] Es ist für eine Weltmacht unerträglich, an ihrer Seite Volksgenossen zu wissen, denen aus ihrer Sympathie oder aus ihrer Verbundenheit mit dem Gesamtvolk [...] fortgesetzt schwerstes Leid zugefügt wird."[56]

Bundeskanzler Kurt von Schuschnigg

Hitler war nach dem Treffen von Berchtesgaden hinsichtlich der kooperativen Zusammenarbeit mit der österreichischen Regierung zuversichtlich und ging davon aus, daß Österreich nun automatisch auf evolutionärem Weg immer näher an Deutschland heranrücken werde. Er konnte sich nicht vorstellen, daß von Schuschnigg gegen Geist und Inhalt des Abkommens verstoßen werde. Doch genau dies tat von Schuschnigg schon nach kurzer Zeit.

Nach seiner Rückkehr aus Berchtesgaden wollte er vor allem seine Regierungsautorität festigen und die Selbständigkeit Österreichs sichern. Er entschloß sich, eine Volksbefragung durchzuführen, um zu beweisen, daß die österreichische Bevölkerung hinter ihm und dem „Vaterland Österreich" und nicht hinter Hitler und dessen Anschluß-Plänen stand. In der Nacht zum 9. März 1938 beschloß auch der Ministerrat – in Abwesenheit des Innenministers Seyß-Inquart – die Durchführung der Volksbefragung. Allerdings erhielt Hitler trotz strenger Geheimhaltung dieses Beschlusses durch eine Mitteilung der Sekretärin des österreichischen Ministers Guido Zernatto sofort Kenntnis von dem für den 13. März angesetzten Plebiszit.[57]

Hitler reagierte sehr gereizt, da er in der vorgesehenen Volksbefragung eine Provokation und eine gravierende Verletzung des Berchtesgadener Abkommens sah.

Im übrigen bestanden bezüglich Form und Inhalt der Befragung auch formale Bedenken. Innenminister Seyß-Inquart hatte von Schuschnigg deshalb auf die verfassungswidrigen Punkte des Plebiszits hingewiesen, dieser hatte sich jedoch über alle Bedenken hinweggesetzt und die Bevölkerung am 10. März 1938 durch Radio und Zeitungen aufgefordert, sich für ein unabhängiges Österreich zu entscheiden. Bei der Befragung sollte das Wahlalter auf 24 Jahre festgesetzt und damit die national gesinnte Jugend ferngehalten werden. Es gab keine Wählerlisten, außerdem sollte nicht geheim, sondern offen abgestimmt werden.[58] Es gab nur Stimmzettel für „Ja", für eine „Nein"-Stimme mußte ein eigenes Blatt Papier mitgebracht und selbst zerrissene Stimmzettel sollten zugunsten der Regierung gewertet werden.[59]

Bei diesen fragwürdigen Vorgaben war es nur folgerichtig, daß Mussolini Bundeskanzler von Schuschnigg mitteilte: „Diese Granate wird in Ihren Händen explodieren."[60]

Die Regierung Seyß-Inquart

Nach Bekanntwerden von Bundeskanzler von Schuschniggs Absicht zur Durchführung einer Volksbefragung gab es größere nationalsozialistische Demonstrationen in Wien und den meisten Landeshauptstädten. Hitler aktivierte nun am 10. März den „Plan Otto" zur Besetzung Österreichs, der bereits vor einigen Jahren für den Fall der Restauration der Habsburger ausgearbeitet worden war. Gleichzeitig wurden auf seine Veranlassung die Minister Dr. Arthur Seyß-Inquart und Eduard Glaise-Horstenau bei Kurt von Schuschnigg vorstellig und forderten diesen ultimativ zur Absetzung der Volksbefragung auf, was der Bundeskanzler jedoch ablehnte.

Mittlerweile hatte in Berlin neben Hitler vor allem Hermann Göring die Initiative ergriffen, der nicht zuletzt aus volkswirtschaftlichen Erwägungen bereits seit geraumer Zeit für die Eingliederung Österreichs in das Deutsche Reich eintrat. Göring fürchtete, Hitler könnte sich mit dem Status als gemeinsames Staatsoberhaupt beider Staaten begnügen und Österreich staatlich relativ selbständig, vom Deutschen Reich getrennt belassen. Er hatte präzise Vorstellungen über das weitere Vorgehen, und im Verlaufe des 11. März 1938 entwickelte er einen regen Telefonverkehr mit Wien. Er verlangte, daß von Schuschnigg sofort zurücktreten und Dr. Seyß-Inquart sein Nachfolger als Bundeskanzler werden müsse.[61]

In Wien entwickelten sich ebenfalls hektische Verhandlungstätigkeiten:[62] von Schuschnigg erklärte sich nach verschiedenen Ultimaten zur Absetzung des Plebiszits bereit. Nachdem die reichsdeutsche Führung hierüber Kenntnis erhielt, teilte Göring um 15.05 Uhr Dr. Seyß-Inquart telefonisch mit, daß dies der Reichsregierung nicht genüge. Nach dem Bruch des Berchtesgadener Abkommens genieße von Schuschnigg nicht mehr ihr Vertrauen. Vielmehr müsse dieser zum Rücktritt gezwungen und bis 17.30 Uhr eine neue Regierung unter ihm, Seyß-Inquart, berufen werden. Um 16.00 Uhr trat von Schuschnigg zurück und schlug Dr. Seyß-Inquart als seinen Nachfolger vor, was Bundespräsident Wilhelm Miklas jedoch ablehnte. Nach weiteren Ver-

Am 12. März 1938 werden die Schlagbäume an der Grenze zwischen Österreich und dem Deutschen Reich von österreichischen und reichsdeutschen Zollbeamten gemeinsam abgerissen und beseitigt: ein symbolträchtiger Akt.

handlungen und mehrmaligem Beharren auf der Ablehnung Seyß-Inquarts genehmigte Miklas kurz vor Mitternacht doch noch die Regierung Seyß-Inquart.

Im Tagesverlauf hatte es in weiten Landesteilen Österreichs nationalsozialistische Erhebungen und Demonstrationen gegeben, die Gefahr eines Bürgerkrieges lag in der Luft. Göring hatte daher zwischenzeitlich mehrfach auf ein militärisches Hilfeersuchen Dr. Seyß-Inquarts an die Reichsregierung gedrängt und ließ diesem ausrichten, auch eine telefonische Durchgabe sei ausreichend. Schließlich wurde die Depesche doch noch abgeschickt, und zwar durch den kurzfristig nach Wien gereisten Staatssekretär im deutschen Außenministerium, Wilhelm Keppler, der für die Österreich-Frage zuständig war und dem Seyß-Inquart in der durch die hektischen Verhandlungen entstandenen allgemeinen Verwirrung freie Hand ließ.[63]

Hitler war sich über die Reaktion Benito Mussolinis hinsichtlich der Entwicklung in Österreich unsicher gewesen und hatte eine Konfrontation mit dem Duce oder gar dessen militärisches Eingreifen befürchtet. Deshalb reagierte er geradezu euphorisch auf die um 22.45 Uhr eingehende telefonische Mitteilung seines Sonderbotschafters bei Mussolini, dem Prinzen Philipp von Hessen, daß der Duce nichts zur Unterstützung Österreichs unternehmen werde. „Dann sagen Sie bitte Mussolini, ich werde ihm dies nie vergessen. Nie, nie, nie, was immer geschehen mag […] Sobald die österreichische Angelegenheit geregelt ist, werde ich bereit sein, durch dick und dünn mit ihm zu gehen."[64]

Der Einmarsch als „Blumenfeldzug"

Erste militärische Einheiten der deutschen Wehrmacht überschritten gegen Mitternacht die österreichische Grenze, und am 12. März 1938 begann um 8.00 Uhr der Einmarsch des Hauptteils der deutschen Truppen, insgesamt zirka 105.000 Mann.[65] Die reichsdeutschen Truppen wurden überall von einem unvorstellbaren Jubel der Bevölkerung – man sprach später von einem „Blumenfeldzug" – empfangen, der Hitlers Erwartungen bei weitem übertraf. Die Spitze der reichsdeutschen Truppen näherte sich abends Wien, andere Truppenteile schwenkten vom Raum Linz über das Salzkammergut in die Steiermark ab und gelangten am 13. März in den Raum Bruck an der Mur und Graz. Außerdem wurden deutsche Einheiten von Schwaben und Bayern in das nördliche Alpengebiet Österreichs verlegt. Die gesamten militärischen Operationen verliefen einwandfrei, ohne jede Schwierigkeit und waren auch unter wehrtechnischen Aspekten ein Erfolg.

Hitler reiste am 12. März 1938 von München mit einer Wagenkolonne in Richtung Österreich und erreichte um 15.50 Uhr seinem Geburtsort

Die Zeitungsschlagzeile am 13. März 1938. An diesem Tag unterzeichnet Hitler in Linz an der Donau das Anschlußgesetz.

Braunau am Inn: „Der Jubel war unbeschreiblich. Die Glocken läuteten. Die 120 km lange Fahrt von Braunau bis Linz glich einer Triumphfahrt."[66] Hitler fuhr von dort weiter nach Linz, wo ihn um 20.00 Uhr der am Vormittag vereidigte Bundeskanzler Seyß-Inquart im Rathaus begrüßte. Die frenetisch jubelnde Menge begrüßte ihn mit dem Ruf: „Ein Volk! Ein Reich! Ein Führer!" Die unbeschreiblichen Ovationen und der offensichtliche Enthusiasmus der Bevölkerung bewogen Hitler dazu, seine ursprüngliche Absicht zu ändern, Österreich für eine längere Übergangsphase lediglich in Personalunion zu regieren. Erst jetzt entschloß er sich, den Anschluß Österreichs an das Deutsche Reich kurzfristig zu vollziehen.[67]

Bundeskanzler Seyß-Inquart verkündete, daß für ihn als österreichischen Regierungschef das Anschlußverbot im Vertrag von Saint Germain nicht mehr bindend sei und erklärte feierlich den entsprechenden Artikel 88 dieses Vertrages für unwirksam.

Am Abend des 13. März setzte Hitler für den 10. April 1938 eine Volksabstimmung über den Anschluß Österreichs an das Deutsche Reich an und unterzeichnete sodann im Hotel Weinzinger in Linz das reichsdeutsche Gesetz über die Wiedervereinigung Österreichs mit dem Deutschen Reich, wobei er so bewegt war, daß ihm Tränen über die Wangen liefen.

Ebenfalls am 13. März legte Bundeskanzler Dr. Seyß-Inquart ein gleichlautendes österreichisches

Am 15. März 1938 schüttelt Hitler Bundeskanzler a.D. Arthur Seyß-Inquart nach der gemeinsamen Parade der Wehrmacht und des österreichischen Bundesheeres auf dem Heldenplatz in Wien die Hand.

Gesetz vor, das als letzter Regierungsakt des österreichischen Ministerrates am selben Tage genehmigt wurde. Damit war Österreich ein Land des Deutschen Reiches.

Hinsichtlich der Stimmung der österreichischen Bevölkerung bezüglich des Anschlusses urteilte der bekannte Historiker Joachim Fest, es „kann doch kein Zweifel sein, daß der Vorgang das tiefste Gefühl der Nation aufrührte. Für die Menschen, die in Linz, Wien oder Salzburg stundenlang die Straßen säumten, erfüllte sich in diesem Augenblick jene Sehnsucht nach Einheit, die als elementares Bedürfnis alle generationenalten Zerwürfnisse, die Spaltungen und Bruderkriege der Deutschen überdauert hat, und es war dieses Gefühl, das Hitler als den Überwinder und Vollender [Otto von] Bismarcks feierte und aus dem Ruf ‚Ein Volk – Ein Reich – Ein Führer!' mehr als eine geschickte Propagandaparole machte."[68]

Am 14. März traf Adolf Hitler, von fortwährendem Jubel begleitet, in Wien ein, wo er später vom Balkon der Hofburg aus den Hunderttausenden auf dem Heldenplatz die „größte Vollzugsmeldung" seines Lebens erstattete: „Als der Führer und Kanzler der deutschen Nation und des Reiches melde ich vor der Geschichte nunmehr den Eintritt meiner Heimat in das Deutsche Reich."[69]

Das Anschluß-Plebiszit 1938

Hitler sah sich in dieser Phase in der Nachfolge Karls des Großen, der für ihn „erster Einiger aller germanischen Stämme und Schöpfer eines vereinigten Europa war"[70]. Später verwies er in diesem Zusammenhang darauf, daß er die Österreicher keinesfalls „Deutschland eingemeinden wolle: Er habe vielmehr immer darauf hingewiesen, daß er sie mit Deutschland zusammen zum ‚Großdeutschen Reich' vereinigen wolle. So müsse man auch den Germanen des Nordwestens und Nordens immer wieder vor Augen halten, daß es sich um das Germanische Reich, das „Reich" schlechthin handle, das in Deutschland lediglich seine stärkste weltanschauliche und militärische Kraftquelle habe"[71]. Nach dem Selbstverständnis Hitlers war der Anschluß Österreichs bindende Verpflichtung und nationaler Imperativ. Naturgemäß

Karl Renner (1918–1920 österr. Staatskanzler, 1945–1950 österr. Bundespräsident) erklärte im April 1938 zur Volksabstimmung am 10. April 1938 über den Anschluß Österreichs an das Deutsche Reich:

„Ich müßte meine ganze Vergangenheit als Vorkämpfer des Selbstbestimmungsrechtes der Nationen wie als deutschösterreichischer Staatsmann verleugnen, wenn ich die große geschichtliche Tat des Wiederzusammenschlusses der deutschen Nation nicht freudig begrüßte."[72]

„Als Sozialdemokrat und somit als Verfechter des Selbstbestimmungsrechtes der Nationen, als erster Kanzler der Republik Deutschösterreich und als gewesener Präsident ihrer Friedensdelegation zu St. Germain werde ich mit ‚Ja' stimmen."[73]

* * *

Aus der Erklärung sämtlicher katholischer Bischöfe Österreichs zur Volksabstimmung über den Anschluß Österreichs an das Deutsche Reich am 10. April 1938:

„Am Tag der Volksabstimmung ist es für uns Bischöfe selbstverständlich nationale Pflicht, uns als Deutsche zum Deutschen Reich zu bekennen."[74]

„Wir erkennen freudig an, daß die nationalsozialistische Bewegung auf dem Gebiet des völkischen und wirtschaftlichen Aufbaues sowie der Sozialpolitik für das Deutsche Reich und Volk namentlich für die ärmsten Schichten Hervorragendes geleistet hat und leistet. Wir sind auch der Überzeugung, daß durch das Wirken der nationalsozialistischen Bewegung die Gefahr des alleszerstörenden gottlosen Bolschewismus abgewehrt wurde."[75]

waren ihm aber auch die wirtschaftlichen und militärisch-strategischen Vorteile bewußt, die der Anschluß mit sich brachte. So sprach er z.B. bei verschiedenen Anlässen von der Verschlechterung der Lage der Tschechoslowakei, die durch die Rückkehr Österreichs ins Reich strategisch in die Zange genommen werde.[76]

Am 15. März 1938 wurde anläßlich des Österreich-Anschlusses in Wien nach einer Heldenehrung am Heldendenkmal eine große Truppenparade durchgeführt. Sie begann mit einer Luftparade von 500 Flugzeugen und wurde dann mit dem Vorbeimarsch verschiedener Truppenteile – mit österreichischen Truppen an der Spitze – fortgesetzt.[77]

In den Wochen vor der gesamtdeutschen Volksabstimmung am 10. April 1938 breitete sich der nationale Enthusiasmus in der gesamten österreichischen Bevölkerung weiter aus. Selbst Gegner der Nationalsozialisten wie Kardinal Theodor Innitzer als Vertreter des österreichischen Katholizismus und der ehemalige Bundeskanzler Karl Renner als Vertreter der österreichischen Sozialdemokratie gaben ihre „übermächtige Freude" über die Heimkehr ins Reich bekannt und kündigten an, mit „Ja" stimmen zu wollen. Die katholischen Bischöfe und der evangelische Oberkirchenrat gaben in diesem Sinne ebenfalls feierliche Erklärungen ab und baten die Gläubigen, sich bei der Abstimmung als Deutsche zum Deutschen Reich zu bekennen.[78]

Hitler hatte am 18. März den deutschen Reichstag aufgelöst, damit gleichzeitig mit der Volksabstimmung der erste großdeutsche Reichstag gewählt werden konnte.

Im Zeitraum vom 25. März bis zum 9. April begab sich Hitler auf eine Wahlkampfreise, während der er auf verschiedenen Wahlkampfgroßkundgebungen zuerst im Altreich und dann in Österreich insgesamt 14 Reden hielt. Diese richteten sich nicht nur an seine Wähler, sondern auch an das Ausland. In ihnen klagte er u.a. die Siegermächte des Weltkrieges an, durch „Rechtsvergewaltigung" dem deutschen Volk das Selbstbestimmungsrecht vorenthalten zu haben.[79]

Auch diese Reise war von Jubel und einer herzlichen Begeisterung der Bevölkerung begleitet. In einem Wahlkampf, wie ihn das Alpenland noch nicht erlebt hatte, gewann Hitler mit seinem Appell an die „große deutsche Volksgemeinschaft" die Herzen seiner Wähler.[80]

Nach den Wahlveranstaltungen in Österreich (3. April in Graz, 4. April in Klagenfurt, 5. April in Innsbruck, 6. April in Salzburg, 7. April in Linz[81] und einer letzten Rede in Wien[82]) kehrte Hitler in der Nacht vom 9. zum 10. April zurück nach Berlin.

Das Plebiszit vom 10. April 1938 stellte die Frage: „Bist Du mit der am 13. März 1938 vollzogenen Wiedervereinigung Österreichs mit dem Deutschen Reich einverstanden und stimmst Du für die Liste unseres Führers Adolf Hitler?"[83] Es verquickte damit zwei Fragen und erzeugte bei den politischen Gegnern Hitlers einen schweren Interessenkonflikt.

Das Wahlplakat listet die Vereinigung Österreichs mit dem Deutschen Reich als letzten triumphalen Schlag gegen den Versailler Vertrag auf, der Deutschland aufgezwungen worden war.

Trotzdem ergab das amtliche Wahlergebnis in Österreich 99,73 % und bei der zeitgleich im Altreich durchgeführten Abstimmung 99,08 % „Ja"-Stimmen[84] und bewies damit eindrucksvoll die Geschlossenheit, mit der alle Deutschen gemäß des Prinzips der Selbstbestimmung der Völker die Rückkehr Österreichs ins Deutsche Reich begrüßten. Im übrigen wurde der Anschluß nicht nur im Deutschen Reich, sondern auch im Ausland vielfach positiv bewertet.[85]

Neustrukturierung Österreichs nach dem Anschluß

Erstes Ziel nach dem Anschluß war die volle, vor allem politische und verwaltungsmäßige Integration Österreichs in das Deutsche Reich. Die erste größere Maßnahme nach Verkündigung des Gesetzes über die Wiedervereinigung war die Eingliederung des österreichischen Bundesheeres in die deutsche Wehrmacht am 13. März 1938.

Am 17. März 1938 wurde die österreichische Bundesregierung in eine Landesregierung umgewandelt und Seyß-Inquart zum Reichsstatthalter ernannt.

Außerdem ernannte Hitler den saarpfälzischen Gauleiter Josef Bürckel zum Kommissarischen Leiter der NSDAP von Österreich, der mit der Reorganisation der Partei beauftragt und am 23.

April 1938 auch noch zum Reichskommissar für die Wiedervereinigung Österreichs mit dem Deutschen Reich ernannt wurde. Seine Hauptaufgabe war die Auflösung der bisherigen zentralen Bundesbehörden und der Umbau der gesamten staatlichen Verwaltung. Durch seine umfassenden Befugnisse verband Bürckel – ähnlich wie später die Reichsstatthalter – in seiner Person sowohl Partei- als auch Staatsfunktionen.

Entsprechend den Weisungen Hitlers erließ Bürckel am 31. Mai 1938 eine Verordnung über die Einteilung Österreichs in sieben Gaue: Tirol-Vorarlberg, Salzburg, Oberdonau, Niederdonau, Wien, Steiermark, Kärnten (mit Osttirol).[86]

Durch das „Gesetz über den Aufbau der Verwaltung in der Ostmark", das am 1. Mai 1939 in Kraft trat, wurde die bisherige Verwaltungseinheit Österreich mit der Umwandlung in eine Gaustruktur Berlin direkt unterstellt. Die föderalistischen Strukturen wurden durch die Errichtung reichsunmittelbarer Territorien ersetzt und die Befugnisse der österreichischen Landesregierungen gingen allmählich auf die Reichsgaue über.[87]

Die territoriale Einheit Österreichs sollte möglichst schnell im großdeutschen Reichsverband aufgehen, und auch alle Bezeichnungen, welche die alte Identität wachhielten, sollten systematisch ausgetauscht werden.[88] Insbesondere sollte die Hauptstadt Wien ihrer Zentralfunktionen entkleidet werden, weil damit nach der geschichtlichen Erfahrung reichsfeindliche und separatistische Tendenzen verbunden waren.

Exekutive und Judikative gehörten zu dem Bereich, der sofort nach dem Anschluß überprüft und den Regelungen des Deutschen Reiches und der deutschen Verwaltungsordnung angepaßt wurden.[89] So wurde z.B. am 1. Oktober 1938 die Reichsarbeitsdienstpflicht auch in Österreich eingeführt.

Die österreichischen Rechtsnormen blieben grundsätzlich auch nach dem Anschluß in Kraft, und das österreichische Rechtssystem wurde dem deutschen nur schrittweise angepaßt. Allerdings forderte der Justizminister im Kabinett Seyß-Inquart, Franz Hueber, die Richter auf, „schon heute die Buchstaben des alten österreichischen Rechtes mit dem Geiste des Großen Deutschen Reiches Adolf Hitlers zu erfüllen".[90]

Später wurde beispielsweise für das Wirtschaftsrecht das deutsche Handelsgesetzbuch übernommen. Eine wichtige Neuerung im Bereich des Zivilrechts war die Zivilehe, mit der das in Österreich geltende konfessionell gebundene Eherecht abgelöst wurde.

Entsprechend der deutschen Gemeindeordnung waren nun auch die Bürgermeister in ihrem Verantwortungsbereich nicht auf die Mehrheit ihrer beigeordneten Räte angewiesen, sondern konnten nach dem Führerprinzip autonom entscheiden.

Beamte und Juristen, die sich vor dem Anschluß offen gegen den Nationalsozialismus betätigt hatten, wurden teilweise aus dem Dienst

entfernt und mit Sanktionen belegt. Für die Mehrheit der Beamten war der Anschluß durch die Einführung des Deutschen Beamtenrechts hinsichtlich Besoldung und Beförderung mit spürbaren Verschlechterungen verbunden.

In kurzer Zeit wurde auch flächendeckend eine neue Struktur der Sicherheitskräfte nach deutschem Muster etabliert. Neben der Ordnungspolizei mit den Teilorganisationen uniformierte Polizei, Schutzpolizei, Gendarmerie und Gemeindevollzugspolizei gab es die Sicherheitspolizei, die aus Kriminalpolizei und Geheimer Staatspolizei bestand. Zur Konsolidierung und Sicherung des nationalsozialistischen Staates ging insbesondere die geheime Staatspolizei unter Verletzung rechtsstaatlicher Grundsätze gegen Regimegegner sowie kollektiv diskriminierte Personengruppen vor, um diese abzustrafen oder auszuschalten.

Der Anschluß Österreichs an das Deutsche Reich hatte aber auch ganz erhebliche volkswirtschaftliche Auswirkungen, die zum Teil sogar bis weit in die Nachkriegszeit reichten: Bereits zum 1. Juli 1938 war die hohe Zahl der Arbeitslosen in Österreich stark zurückgegangen, denn mit dem Zusammenschluß der so unterschiedlich strukturierten Volkswirtschaften wurde auch Österreich voll von der Dynamik der deutschen Konjunktur erfaßt. Göring und seine Experten übertrugen schon am 15. März 1938 die Gültigkeit des Vierjahresplanes auf Österreich und stellten die Währung um. Hierdurch erhielten die deutschen Unternehmen, die unter dem in Deutschland herrschenden Arbeitskräftemangel litten, Zugang zu den brachliegenden personellen Ressourcen Österreichs, ohne daß die Regierung auf die Devisenreserven des Reiches hätte zurückgreifen müssen. Durch die Aufstockung der Budgets von Gauen und Gemeinden wurden umfangreiche Straßenbau-, Flußregulierungs- und Entwässerungsmaßnahmen möglich sowie eine Intensivierung des kommunalen Wohnungsbaus. Außerdem wurden in einigen Gauen durch Wehrmacht und SS große Kasernen gebaut. Die Ausgaben der öffentlichen Hand erhöhten sich von 1937 auf 1938 um das Zweieinhalbfache.[91]

Aufgrund der hier vorhandenen freien Kapazitäten stieg in Österreich die Rüstungsproduktion stark an, was zu einer wesentlichen Änderung der Wirtschaftsstruktur führte. Die Bedeutung der Konsumgüterindustrie ging schon in den Jahren 1939 bis 1941 zurück, während die Grundstoff- und Investitionsgüterindustrie expandierte. Die Industriebeschäftigung stieg mit 200.000 Beschäftigten um 40 %, im Investitionsgütersektor, zu dem auch die Rüstungsindustrie gehörte, arbeiteten 1944 mehr als doppelt soviele Beschäftigte wie 1939. In den Jahren von 1937 bis 1944 verdoppelte sich die Stromerzeugung in Österreich.[92]

Es steht fest, daß die wirtschaftliche Entwicklung in Österreich nach dem Anschluß im Vergleich zu den Jahren davor zu einer deutlichen

Verbesserung der materiellen Bedingungen der Beschäftigten führte.[93] Die nach dem Anschluß in Österreich errichteten Betriebe wurden nach dem Krieg zum großen Teil verstaatlicht und bildeten mit ihrer großindustriellen Struktur das Rückgrat der österreichischen Nachkriegswirtschaft.[94]

Mittlerweile ist es in der Fachliteratur unstreitig, „daß die NS-Ära Impulse für die gesellschaftliche Entwicklung der folgenden Jahrzehnte brachte. Bedingt durch den wirtschaftlichen und politischen Wandel haben sich genuin industriegesellschaftliche Entwicklungstendenzen verstärkt [...] Von ‚Entprovinzialisierung‘ über berufsstrukturelle Veränderungen bis zu bevölkerungspolitischen Weichenstellungen beeinflußte die nationalsozialistische Herrschaft die folgende politische, wirtschaftliche und gesellschaftliche Entwicklung."[95]

Österreich im Zweiten Weltkrieg

Die Auswirkungen des Zweiten Weltkrieges zeigten sich auch in Österreich immer deutlicher, vielen Österreichern im Felde brachte er Tod oder Gefangenschaft. Durch die Verlegung von Teilen der deutschen Industrie nach Österreich nahmen ab 1943 die zermürbenden schweren Luftangriffe auf das lange verschonte österreichische Reichsgebiet ständig zu. Nach der Kapitulation Italiens standen den Alliierten näher an Österreich liegende Flughäfen für ihre Einsätze zur Verfügung. Am 13. August 1943 erfolgte der erste Luftangriff in Österreich, als US-Bombergeschwader Wiener Neustadt angriffen.

Danach erfolgten umfangreiche Bombardierungen bis Ende April 1945, wobei zahlreiche Städte, u.a. Wien, Graz, Innsbruck, Klagenfurt, Villach, Knittelfeld, erheblich zerstört wurden.

Im Frühjahr 1945 erreichte der Bodenkrieg Österreich: Von Osten stieß die Rote Armee vor, amerikanische Truppen erreichten Tirol, Salzburg und Oberösterreich, die Franzosen drangen in Vorarlberg ein, von Italien rückten die Briten nach Kärnten vor:[96] Am 29. März 1945 überschritten die ersten russischen Truppen die Grenze beim burgenländischen Ort Klostermarienberg und stießen fast bis Dörfl im Burgenland vor. Am folgenden Tag drangen russische Panzerkräfte in Mattersburg ein, am Ostersonntag, dem 1. April, erreichten die Russen Gloggnitz und sperrten den Semmering für den Nachschub der deutschen Truppen. Das russische Oberkommando erteilte Marschall Fedor J. Tolbuchin den endgültigen Angriffsbefehl auf Wien. Am 2. April erklärte die deutsche Heeresleitung Wien zum Verteidigungsbereich, und die ersten Kämpfe um die südlichen Zugänge Wiens begannen. Am 5. April erreichten russische Truppenteile im Süden Wiens den Stadtteil Neu-Erlaa, und auch im Westen erreichten sie die Grenze des Verteidigungs-

bereiches Wien. Die Schlacht um Wien begann und tobte bis zum 13. April 1945, wobei die Stadt durch Großbrände und Brückensprengungen erheblich zerstört wurde.

In den folgenden Tagen wurde noch bis zum 19. April im Norden und Westen Wiens erbittert gekämpft.

Österreich war durch das erfolgreiche Vordringen der Sowjets zweigeteilt: im Osten die sowjetisch besetzte Hälfte und im Westen der noch von den Deutschen gehaltene Teil.

Die Sowjets hatten mit der Besetzung Wiens und umfangreicher Teile des Burgenlandes und Niederösterreichs ihre strategischen Ziele erreicht und bemühten sich daher nicht mehr um größere Gebietsgewinne in Österreich, so daß der Frontverlauf in diesen Landesteilen vorerst relativ stabil blieb.

US-Amerikaner und Franzosen rückten gegen Ende April vom deutschen Altreichsgebiet gegen Österreich aus Richtung Nordwesten vor.[97]

Am 26. April war eine US-Panzerdivision in Oberösterreich, und am 28. April waren Teile der 103. US-Infanteriedivision an der Tiroler Nordgrenze zwischen Pfronten und Vils eingedrungen, am 30. April rückten Verbände der 3. amerikanischen Armee unter General George S. Patton im Mühlviertel bei Oberkappel und Kollerschlag vor.

Weitere US-Truppen erreichten am 1. Mai bei Braunau die österreichische Grenze, am 2. Mai waren die Amerikaner in Salzburg. Auch der Fernpaß wurde von ihnen am 2. Mai erreicht, und am 3. Mai zogen sie in Innsbruck ein. Am 4. Mai wurden Wörgl, am 5. Mai Linz besetzt sowie Enns und Steyr erreicht, und am 6. Mai war ganz Tirol in amerikanischer Hand.

Der französische Einmarsch begann am 27. April in Vorarlberg, am 1. Mai nahmen die Franzosen Bregenz, besetzten den Pfänder und trafen nach schnellem Vormarsch durch das Rheintal und den Walgau am 6. Mai in St. Anton ein.

Am 7. Mai standen britische Panzer am Plökkenpaß.

Nachdem Teile der deutschen Truppen bereits vorher kapituliert hatten, unterzeichnete am 7. Mai Generaloberst Alfred Jodl im Hauptquartier Eisenhowers in Reims und einen Tag später Generalfeldmarschall Wilhelm Keitel im Hauptquartier der Sowjets in Berlin-Karlshorst die bedingungslose Gesamtkapitulation der deutschen Wehrmacht; ab 9. Mai 1945 um 1 Uhr schwiegen die Waffen.

Österreich unter alliierter Besatzung

Die in Österreich einige Wochen vor und zeitweise auch nach der Kapitulation herrschenden chaotischen Zustände stabilisierten sich zusehends. Sowohl Verwaltung als auch Politik orientierten sich bei ihrem Wiederaufbau an den alliierten Vorgaben, auch die Wirtschaft erholte sich und kam langsam wieder in Gang.

Am 18. April 1945 nahm in Wien eine neue Gemeindeverwaltung ihre Arbeit auf. Am 20. April erhielt der Sowjet-Marschall Tolbuchin aus Moskau den Befehl, den Sozialdemokraten Karl Renner mit der Regierungsbildung zu beauftragen. Gespräche und Verhandlungen zur Bildung einer neuen österreichischen Zentralgewalt begannen. Renner hatte zwischenzeitlich bereits erste Gespräche mit dem sowjetischen Oberkommando über die Wiederherstellung der Eigenstaatlichkeit Österreichs geführt. Dieses Problem wurde aus Sicht der Alliierten stark von der Rolle Österreichs im Zeitraum 1938 bis 1945 dominiert. Dies ergab sich schon aus der sogenannten Moskauer Erklärung vom 2. November 1943, in der die Alliierten erklärt hatten, daß Österreich das erste freie Land gewesen sei, das der „typischen Angriffspolitik Hitlers zum Opfer" fiel und daß daher „die Besetzung Österreichs durch Deutschland [...] null und nichtig" sei und ein freies, unabhängiges Österreich wieder hergestellt werden müsse.[98]

Am 23. April 1945 einigte sich Renner mit den Vertretern der drei von den Sowjets zugelassenen Parteien über Aufbau und personelle Zusammensetzung einer provisorischen Regierung. Die am 27. April 1945 von SPÖ, ÖVP und Kommunisten gebildete Provisorische Staatsregierung[99] gab unter Berufung auf die Moskauer Deklaration eine Unabhängigkeitserklärung ab, die im Artikel 1 proklamierte: „Die demokratische Republik Österreich ist wiederhergestellt und im Geiste der Verfassung von 1920 einzurichten."

Damit waren die am 12. April 1938 durch eine gesamtdeutsche Wahl friedlich vereinten beiden deutschen Staaten erneut auseinander gebrochen.

Nach der ersten Nationalratswahl am 25. November 1945 ergab sich eine absolute Mehrheit für die ÖVP, trotzdem wurde zunächst eine Konzentrationsregierung aus ÖVP mit der zweitstärksten Partei SPÖ und den Kommunisten, die nur 5 % der Stimmen erreicht hatten, gebildet. Nach dem Ausscheiden der Kommunisten im Jahre 1947 regierte bis 1966 eine Koalition aus ÖVP und SPÖ.

Die staatsrechtliche Souveränität Österreichs blieb allerdings als Objekt alliierter Disposition bis 1955 einer Viermächte-Kontrolle unterworfen, wobei Österreich einen höheren Status zugebilligt bekam als Deutschland. Die Besatzungsmächte sahen die Österreicher als „ein von der Naziherrschaft befreites Volk" an, das daher anders als die Deutschen zu behandeln sei. Die Besatzungsmächte schlossen am 4. Juli 1945 und im Juni 1946 Kontrollabkommen über Österreich ab, wonach der Alliierte Rat oberste Gewalt in Österreich war, die bis zur Unterzeichnung des Staatsvertrages die tatsächliche Regierungsgewalt ausübte. Im Zusammenhang mit der territorialen Neuordnung Europas durch die Besatzungsmächte hatten sich auch die österreichischen Hoffnungen zerschlagen, endlich das deutsche Südtirol zurückzuerhalten. Die Alliierten sprachen Südtirol erneut Italien zu.[100]

Am 9. Juli 1945 wurden die Begrenzungen der einzelnen Besatzungszonen in Österreich festgelegt. Zur französischen Zone gehörten Vorarlberg und Tirol (ohne Osttirol), die britische Zone umfaßte Osttirol, Kärnten und Steiermark, die amerikanische Zone Salzburg und Oberösterreich südlich der Donau und zur sowjetischen Zone gehörten Niederösterreich, Oberösterreich nördlich der Donau und das Burgenland. Außerdem erhielt jede Besatzungsmacht einen Sektor der Stadt Wien, die mitten in der sowjetischen Zone lag; die Innere Stadt wurde als internationaler Sektor gemeinsam besetzt, der Vorsitz wechselte hier monatlich unter den Besatzungsmächten.[101]

Um den österreichischen Staatsvertrag, um die Wiederherstellung der Souveränität Österreichs und um den Abzug der Besatzungstruppen wurde nahezu ein Jahrzehnt lang gerungen. Die ersten Versuche zum Abschluß eines derartigen Vertrages wurden bereits im Frühjahr und im Dezember 1946 auf einer Außenministerkonferenz der Großmächte in New York unternommen. Auch in den nächsten Jahren wurden die strittigen Fragen weiter verhandelt. Allerdings scheiterte die Einigung immer wieder an den Differenzen zwischen den Westmächten und der Sowjetunion.

Auf Antrag Brasiliens appellierte Ende 1952 die Vollversammlung der Vereinten Nationen an die Großmächte, die Besetzung Österreichs zu beenden.

Die Amerikaner verfolgten eine Überredungsdiplomatie, um die Österreicher dazu zu bringen, gegen den einheitlichen Staat und unter Verlust der sowjetisch besetzten Zone (analog der Lösung der Bundesrepublik Deutschland) für den Westen zu optieren, worauf die österreichische Regierung nicht einging: „Bundeskanzler [Julius] Raab beließ es jedoch lieber bei dem staatlichen Schwebezustand, als daß er einer Lösung zustimmte, die das Schicksal der Zertrennung des Landes mit absoluter Sicherheit zur Folge haben mußte [...] Kanzler Raab bot der Sowjetunion als Gegenleistung für den Abschluß des Staatsvertrages die Garantie an, daß sich Österreich unwiderruflich zu einer Politik der Neutralität verpflichte."[102]

Am 11. April 1955 reiste eine österreichische Regierungsdelegation zu entsprechenden Verhandlungen nach Moskau, und nach drei Tagen waren sich die Gesprächspartner einig; die Ergebnisse wurden im sogenannten Moskauer Memorandum festgehalten. Daraufhin fand in Wien vom 2. bis 12. Mai 1955 eine Botschafterkonferenz statt, auf der die lange angestrebte Einigung über den Staatsvertrag gelang. Am 15. Mai 1955 wurde der Staatsvertrag im Wiener Belvedere durch die Außenminister Wjatscheslaw Molotow, Harold Macmillan, John Foster Dulles, Antoine Pinay und Leopold Figl unterzeichnet. Der Vertrag wurde später von allen Besatzungsmächten ratifiziert und trat am 27. Juli 1955 in Kraft. Darin erkannten die „alliierten und assoziierten Mächte [an], daß Österreich als ein souveräner, unabhängiger und demokratischer Staat wieder hergestellt ist." Ein Anschlußverbot war ebenfalls Bestandteil des Vertrages, verboten war auch jede politische oder wirtschaftliche Vereinigung mit Deutschland.[103] Nach der Unterzeichnung des Vertrages begaben sich die Außenminister der Alliierten und die österreichische Regierung auf die Terrasse des Schlosses Belvedere: „In den Jubel der Wiener, die sich vor dem Belvedere eingefunden hatten, mischten sich die dumpfen, weithin schallenden Schläge der großen ‚Pummerin', jener aus den Türkenkriegen stammenden und nach ihrer Zerstörung im letzten Krieg neu gegossenen österreichischen Freiheitsglocke, die immer nur die größten Ereignisse im Leben der Oesterreicher durch ihr Läuten begleitet. Um zwölf Uhr fielen in das Geläute der Pummerin alle österreichischen Kirchenglocken von der ungarischen bis zur Schweizer Grenze ein, um zu verkünden: Oesterreich ist frei."[104]

Auch jetzt, nach zehn Jahren Besatzungsregime als Folge des Zweiten Weltkrieges, hatten die Österreicher noch ein überwältigendes Bedürfnis nach Schlußstrich und Neubeginn. Insoweit war der Jubel über den Staatsvertrag von 1955 und die damit gewonnene Souveränität nachvollziehbar und verständlich. Dieser Jubel bekommt aber im Rückblick einen bitteren Beigeschmack, wenn man berücksichtigt, daß mit dem Staatsvertrag der Traum vom Reich aller Deutschen, der 1938 auf allgemeinen Wunsch friedlich Realität wurde, erneut zerbrochen war. Dieser Traum wurde nun mit negativen Emotionen befrachtet, die heute eine objektive Auseinandersetzung mit diesem Aspekt der gesamtdeutschen Geschichte sehr erschweren: „Jede rückblickende Darstellung, die auf Akzeptanz abzielte, hatte sich diese Sichtweise anzueignen; selbst der Versuch einer wissenschaftlich neutralen Untersuchung setzte sich dem Verdacht aus, bewußt verharmlosen zu wollen [...] Dennoch stellt sich die Frage, ob nicht [...] die Zeit reif geworden ist, die bewußte Ära ‚so wie sie war', als Teil der jüngeren Geschichte zu akzeptieren, sie also weder zu instrumentalisieren noch zu verdrängen."[105]

Der Sonderweg Südtirols

Bei dem Österreich-Anschluß 1938 konnte Südtirol wegen des ihm aufgezwungenen politischen Sonderweges nicht beteiligt werden, obwohl es sich auch bei diesem Landesteil seit Jahrhunderten um genuin deutschen Volksraum handelte und die Deutschsüdtiroler sich auch als Deutsche betrachteten. Im Interesse einer Gesamtdarstellung soll daher in diesem Zusammenhang zumindest ein kurzer Abriß der Parallelentwicklung in Südtirol nach dem Ersten Weltkrieg gegeben werden:

Die Einverleibung Südtirols in das Königreich Italien und die entsprechende Grenzziehung nach dem Ersten Weltkrieg erfolgten entgegen den eindeutigen Willenskundgebungen und dem Selbstbestimmungsrecht[106] der Bevölkerung allein durch die Willkür der Sieger des Ersten Weltkrieges. Bereits im Londoner Vertrag vom 26. April 1915 war Italien als Gegenleistung für den Kriegseintritt die Brennergrenze zugesagt worden, und am 24. April 1919 sprach US-Präsident Woodrow Wilson Südtirol offiziell Italien zu,[107] „obwohl der neunte seiner 14 Punkte ‚Neuziehung der Grenzen Italiens entlang klar erkennbarer Linien der Nationalität' vorgesehen hatte [...] Gerade in Südtirol bot sich wegen der weitgehenden Übereinstimmung der Sprachgrenze

Nach dem Österreich-Anschluß 1938: Den trennenden Schlagbaum am Brenner schmückt ein Liktorenbündel, das Symbol der faschistischen Partei Italiens. Doch die deutschen Tiroler beiderseits der Grenze wollen sich mit ihrer Teilung nicht abfinden.

mit klaren, geographischen Grenzlinien vom Ortler über die Salurner Klause zu den Dolomiten, die Möglichkeit, eine gerechte und einfache Lösung der politischen Grenzziehung zu finden."[108] Der 10. Oktober 1920, an dem die Annexion Deutschsüdtirols durch das Königreich Italien Rechtskraft erlangte, wurde seither – bis zum Jahre 1937 – zum Gedenken an die widernatürliche Zerreißung Tirols im österreichischen Bundesland Tirol als „Landestrauertag" begangen.[109]

In den folgenden Jahren drohten die Südtiroler aufgrund der staatlich forcierten italienischen Einwanderung in der eigenen Heimat zur Minderheit zu werden. Neben einer konsequenten Ansiedlung italienischer Industriebetriebe in Bozen fand eine systematische Entrechtung der Deutschsüdtiroler statt: Alle deutschen Einrichtungen, Vereine, Zeitungen, Verlage usw. wurden verboten, die deutschen Schulen geschlossen. In diesem Zustand kollektiver Depression und Frustration wurden durch den Österreich-Anschluß bei der deutschen Bevölkerung Südtirols große Erwartungen an das Deutsche Reich auf Verbesserung ihrer Lage geweckt.

Hitler jedoch hatte sich schon in *Mein Kampf* mit der Südtirol-Problematik auseinandergesetzt: „In Europa wird es für Deutschland in absehbarer Zukunft nur zwei Verbündete geben können: England und Italien"[110], schrieb er und fuhr fort: „Heute werde ich nur von der nüchternen Erkenntnis geleitet, daß man verlorene Gebiete nicht durch die Zungenfertigkeit geschliffener parlamentarischer Mäuler zurückgewinnt, [...] daß ich [...] eine Wiedergewinnung Südtirols durch Krieg nicht nur für unmöglich halte, sondern auch persönlich [...] ablehnen würde."[111] Hitler schloß diese Ausführungen mit den Worten: „Es mag uns manches bitter schmerzen. Aber dies ist noch lange kein Grund, der Vernunft zu entsagen und in unsinnigem Geschrei mit aller Welt zu hadern, statt in konzentrierter Kraft sich gegen den tödlichsten Feind zu stellen."[112] Entsprechend handelte er auch gegenüber seinem Achsenpartner Mussolini: „Belehrt durch die Erfahrung zweier Jahrtausende wollen wir beide, die wir nun unmittelbare Nachbarn geworden sind, jene natürliche Grenze anerkennen, die die Vorsehung und die Geschichte für unsere beiden Völker ersichtlich gezogen hat."[113] Für die Südtiroler war diese Haltung unverständlich, und sie empfanden die Vereinbarung Hitlers vom 23. Juni 1939 mit Mussolini, mit der die geplante Umsiedlung der Südtiroler in das Deutsche Reich geregelt wurde,[114] als Verrat an ihrer Volksgruppe.

Obwohl die Südtiroler in Berlin mehrfach gegen diesen Plan intervenierten, wurde der Reichsführer-SS Heinrich Himmler beauftragt, die deutschsprachigen Südtiroler, die bis zum 31. Dezember 1942 für das deutsche Volkstum optierten, im Reich anzusiedeln. Mit den Umsiedlungen wurde zügig begonnen, sie wurden aller-

dings nach dem Frontwechsel Italiens im Jahr 1943 wieder eingestellt. „Nur etwa 50.000 Südtiroler waren nach Kriegsende im Vollbesitz der italienischen Staatsbürgerschaft, 115.000 hatten für die deutsche Staatsbürgerschaft optiert, waren aber noch nicht abgewandert. 40.615 Südtiroler hatten zwar ihren Wohnsitz in Südtirol nicht aufgegeben, aber die deutsche Staatsbürgerschaft erlangt."[115] Rund 45.000 Südtiroler waren bereits in das Großdeutsche Reich abgewandert, davon konnten nur zirka 20.000 wieder nach Südtirol zurückkehren.

Mit dem Abfall Italiens 1943 wurde Südtirol Teil der „Operationszone Alpenvorland" unter dem Tiroler Gauleiter Franz Hofer, der umgehend die italienischen antideutschen Maßnahmen aufhob, deutschen Schulunterricht wieder einführte usw. Hitler ordnete am 10. September 1943 an, „die Verwaltung in diesen Gebieten [...] so aufzubauen, daß sie jederzeit mit dem Deutschen Reich vereinigt werden können". Aus dieser kurzen Phase, in der Südtirol praktisch Teil des Großdeutschen Reiches war, sind uns Farbfotos eines Schützenfestes in Bruneck überliefert, das auch von Gauleiter Franz Hofer besucht wurde. Diese Fotos sind der vorliegenden Bilddokumentation über den Österreich-Anschluß am Ende angefügt.

Auch nach dem Zweiten Weltkrieg forderten die Südtiroler das Selbstbestimmungsrecht, doch wurde ihnen dieses Recht erneut von den Alliierten verweigert, obwohl bereits 1944 eine Gruppe italienischer Demokraten sich für die Abtretung der von nicht-italienischer Bevölkerung bewohnten Gebiete im Norden und Nordosten Italiens ausgesprochen hatte.[116] Die Alliierten beschlossen am 14. September 1945 endgültig, Italien weiterhin die Brennergrenze und damit Südtirol zu belassen. Das Autonomieabkommen vom 5. September 1946 erwies sich als „Mogelpackung". Erst mit dem „Paket-Abschluß" von 1969 erhielt Südtirol einen echten Autonomiestatus.

Die Südtiroler waren 1920, 1939 und 1945 immer Opfer der politischen Großwetterlagen. Sie konnten auf die sie betreffenden Entscheidungen keinen Einfluß nehmen, mußten aber die Auswirkungen dieser Entscheidungen erdulden. Daß sie sich immer als die südlichste Speerspitze des deutschen Volkstums verstanden, bringt das noch heute gesungene „Südtiroler Trutzlied" zum Ausdruck:

„Und starrt von Feindeshorden
des Brenners Scheidewand
und trennt vom deutschen Norden
Deutschsüdtirolerland;
ob es zerrissen werde,
daß heißes Herzblut sprüht,
es bleibt Tiroler Erde,
es bleibt der deutsche Süd!"

Anmerkungen

1 Engel u. Holtz, S. 14.
2 *Ploetz*, S. 459 (eigene Hervorhebung; F.W.).
3 Koch (1999), S. 10.
4 Lindenblatt, S. 44.
5 Burgdorf, S. 40.
6 *Ploetz*, S. 838.
7 Orthband, S. 659.
8 Nolte (1998), S. 517.
9 Zu Details siehe Mommsen in *Frankfurter Rundschau* vom 18.5.1998, S. 3 f.
10 Mann, S. 226.
11 ebd., S. 553 f.
12 Diwald (1999), S. 266.
13 zit. bei Müller u. Rohden, S. 781.
14 Bülow, S. 123 (Kursivschrift im Original gesperrt).
15 Weißmann (2001), S. 165.
16 zit. bei Wellems, S. 99.
17 Zur Problematik des Staatsgründungsaktes in Deutschösterreich siehe Brauneder (1999), S. 153–159.
18 Scheithauer e.a. (1983), S. 19.
19 Brauneder (2000), S. 209 f.
20 Zur Genese des Anschlußverbotes siehe Stourzh, S. 41–53.
21 *Das Versailler Diktat*, S. 345 f.
22 Zur detaillierten Darstellung der Gebietsänderungen siehe Weinhold, S. 8–11 sowie 75–82.
23 Goldinger u. Binder, S. 101 ff.
24 ebd., S. 111 ff.
25 Carsten, S. 50.
26 ebd., S. 98.
27 Goldinger u. Binder, S. 145–150.
28 Carsten, S. 106.
29 ebd., S. 106.
30 ebd., S. 130.
31 ebd., S. 160.
32 Ploetz, S. 911.
33 zit. bei Scheithauer e.a. (1983), S. 152.
34 zit. bei Scheithauer e.a. (1983), S. 158.
35 Zur Sicht der deutschen Regierung zu der Zollunion siehe Höhne, S. 142 f.
36 Hinsichtlich der angeblichen Unterstützung des Putsches durch die Armee hatte der Landesleiter der österreichischen NSDAP, Theodor Habicht, Hitler getäuscht, siehe hierzu Diwald, S. 237.
37 ebd., S. 238.
38 vgl. zu deren Entwicklung Franz-Willing (1974), S. 137–144.
39 ebd., S. 138.
40 ebd., S. 139.
41 ebd., S. 141 f.
42 Franz-Willing (1975), S. 252 f.
43 ebd., S. 253.
44 Carsten, S. 91.
45 Franz-Willing (1975), S. 258 f.
46 ebd., S. 259.
47 Scheithauer e.a. (1983), S. 150
48 Carsten, S. 130.
49 Zur minutiösen Darstellung des Putschverlaufes siehe Scheithauer e.a. (1984), S. 15–22.
50 Zu Einzelheiten des Abkommens siehe Scheithauer e.a. (1984), S. 34 f.

51 So Hitler in einem Gespräch am 1. Oktober 1937 mit Göring und von Neurath. Aktennotiz hierüber zitiert von Tansill, S. 233.
52 Nolte (2000), S. 270 f.
53 Collier, S. 137.
54 Tansill, S. 234.
55 Weißmann (1997), S. 284 sowie Scheithauer e.a. (1984), S. 48 f.
56 Scheithauer e.a. (1984), S. 50.
57 Goldinger/Binder, S. 281.
58 Zentner, S. 73 sowie Goldinger u. Binder, S. 282.
59 vgl. Scheithauer e.a. (1984), S. 54 sowie Diwald, S. 239.
60 zitiert bei Koch (1999), S. 487.
61 Mitschriften von neun Telephonaten Görings mit Wien (Seyß-Inquart u.a.) siehe Dokumentationsarchiv des österreichischen Widerstandes (Hrsg.), S. 247–264.
62 Zur minutiösen Darstellung des 11. März in Wien und Berlin siehe Scheithauer e.a. (1984), S. 55–61.
63 Goldinger/Binder, S. 288.
64 zit. bei Scheithauer e.a. (1984), S. 60.
65 Zu militärischen Aspekten – insbesondere auch mit einer Richtigstellung der wahrheitswidrigen Darstellung des Anschlusses durch Winston Churchill in dessen Memoiren – siehe Guderian, S. 42–49 sowie Dokumentationsarchiv des österreichischen Widerstandes (Hrsg.), S. 302–311 hinsichtlich „Weisung Nr. 1" Hitlers, Aufmarschanweisungen, Armeebefehlen etc.
66 von Below, S. 91, mit einer detaillierten Schilderung des Empfanges Hitlers in Österreich.
67 vgl. Koch (1999), S. 488, Weißmann (1997), S. 286, Goldinger u. Binder, S. 289 f., Hagspiel, S. 23.
68 Fest, S. 754.
69 ebd., S. 754.
70 Picker, S. 166; zum Reichsgedanken siehe ausführlich Meier-Stein.
71 ebd., S. 196.
72 Grosser, S. 49.
73 Gebhardt, S. 473.
74 Grosser, S. 49.
75 Gebhardt, S. 473.
76 Zürner, S. 25 sowie Speer, S. 123.
77 Landhoff, S. 12–15.
78 Zum dortigen Faksimile der Erklärung der Bischöfe siehe Grell, S. 132.
79 vgl. Below 1999, S. 95 f.
80 Zu wahlkampfunterstützenden Maßnahmen siehe Hagspiel 1995, S. 36–39 und 42 f.
81 ebd., S. 31.
82 vgl. v. Below, S. 96.
83 zit. bei Scheithauer e.a. (1984), S. 69.
84 Zu exakten Auszählungsergebnissen siehe Grell, S. 148. In der Literatur sind keine Studien bekannt, die sich mit der Zuverlässigkeit dieser amtlichen Zahlen auseinandersetzen. Wegen der fast unwahrscheinlich hoch erscheinenden Zustimmungsrate vgl. die Abstimmungsergebnisse von 1921, die ebenfalls im 99%-Bereich lagen.
85 Zahlreiche zeitgenössische Stimmen werden zitiert von Wellems, S. 139–148.

[86] Zum Wortlaut der entsprechenden Anordnung Bürckels vom 31. Mai 1938 siehe Dokumentationsarchiv des österreichischen Widerstandes (Hrsg.), S. 662 f.

[87] Gesetzestext siehe ebd., S. 664 f.

[88] Hagspiel, S. 105 f.

[89] ebd., S. 130–140.

[90] zit. ebd., S. 137.

[91] ebd., S. 52 f.

[92] Kernbauer u. Weber, S. 59 f.

[93] Tálos, S. 133.

[94] Freund u. Perz, S. 110.

[95] Mulley, S. 45 f.

[96] Zur detaillierten Darstellung der militärischen Aktionen und der Besetzung Österreichs durch die Alliierten siehe Hagspiel, S. 88–99.

[97] Zu Details hinsichtlich des Vorrückens der US-Amerikaner siehe Weinberg, S. 854–856.

[98] Zum Wortlaut der Moskauer Deklaration siehe Hagspiel, S. 79 f.

[99] Zur Zusammensetzung und zu weiteren Details siehe Zöllner, S. 530 f.

[100] Hierzu siehe ausführlich Zöllner, S. 533–535.

[101] Zu weiteren Details der Zoneneinteilung siehe Scheithauer e.a. (1984), S. 134 f.

[102] Diwald, S. 92 f.

[103] Zum Text des Staatsvertrages siehe Grell, S. 152 f.

[104] *FAZ* vom 16.5.1955, S. 1.

[105] Hagspiel, S. 335.

[106] Zum Selbstbestimmungsrecht der Südtiroler siehe ausführlich Veiter, S. 235–251.

[107] Goldinger u. Binder, S. 47 f.

[108] Zöllner, S. 494 f.

[109] Riedmann, S. 192.

[110] Hitler, S. 705.

[111] Hitler, S. 710 f.

[112] Hitler, S. 719.

[113] Pallaver, S. 224.

[114] vgl. Scheithauer e.a. (1984), S. 82 zu Details hierzu.

[115] Volgger, S. 253.

[116] Zöllner, S. 533.

Literaturverzeichnis

Ackerl, Isabella u. Rudolf Neck. *Saint-Germain 1919: Protokoll des Symposiums am 29. und 30. Mai 1979 in Wien*. München, 1989.

Below, Nicolaus v. *Als Hitlers Adjutant 1937–45*. Selent, 1999.

Brauneder, Wilhelm. *Deutsch-Österreich 1918: Die Republik entsteht*. Wien, 2000.

ders. „Staatsgründungsakte um 1918: Österreich im Vergleich." In Wilhelm Brauneder u. Norbert Leser (Hrsg.). *Staatsgründungen 1918*. Frankfurt/M., 1999. S. 153–159.

Brockhaus: Handbuch des Wissens in vier Bänden. Leipzig, 1923.

Bülow, B.W. *Kommentar zu den Deutschen Dokumenten zum Kriegsausbruch*. Bd. 5. Berlin, 1920.

Burgdorf, Wolfgang. „Ja, das Reich! Wollte nie ein Anachronismus sein. Modernisierung in letzter Minute: Wie das Ende des heiligen Deutschland ausgehandelt wurde." In *Frankfurter Allgemeine Zeitung*. (25.2.2003) S. 40.

Carsten, F.L. *Die Erste Österreichische Republik im Spiegel zeitgenössischer Quellen*. Wien, 1988.

Churchill, Winston. *Memoiren: Der zweite Weltkrieg*. 2. Aufl. Bd. 1. Hamburg, 1950.

Collier, Richard. *Mussolini: Aufstieg und Fall des Duce*. München, 1983.

Diwald, Hellmut. *Geschichte der Deutschen*. fortgeschr. v. Karlheinz Weißmann. München, 1999.

Dokumentationsarchiv des österreichischen Widerstandes (Hrsg.). *„Anschluß" 1938: Eine Dokumentation*. Wien, 1988.

Elwert, Georg. „Deutsche Nation." In Bernhard Schäfers u. Wolfgang Zapf (Hrsg.). *Handwörterbuch zur Gesellschaft Deutschlands*. Opladen, 1998. S. 123–134.

Engel, Evamaria u. Eberhard Holtz (Hrsg.). *Deutsche Könige und Kaiser des Mittelalters*. Leipzig, 1989.

Estel, Bernd. *Nation und nationale Identität*. Hagen, 1993.

Fest, Joachim C. *Hitler: Eine Biographie*. 3. Aufl. Frankfurt/Berlin, 1992.

Fetscher, Irving. „Taten zwingen zur Stellungnahme." In *FAZ*. (20.11.2001) S. 10.

Franz-Willing, Georg. *Krisenjahr der Hitlerbewegung 1923*. Preußisch Oldendorf, 1975.

ders. *Ursprung der Hitlerbewegung 1919–1922*. 2. Aufl. Preußisch Oldendorf, 1974.

Freund, Florian u. Bertrand Perz. „Industrialisierung durch Zwangsarbeit." In Emmerich Tálos, Ernst Hanisch u. Wolfgang Neugebauer (Hrsg.). *NS-Herrschaft in Österreich 1938–1945*. Wien, 1988.

Gebhardt, Bruno. *Handbuch der Deutschen Geschichte*. 9. Aufl. Bd. 4, 2. Halbbd. Stuttgart, 1970.

Goldinger, Walter u. Dieter Binder. *Geschichte der Republik Österreich 1918–1938*. Wien, 1992.

Grell, Heinz (Hrsg.). *Der Österreich-Anschluß 1938: Zeitgeschichte im Bild*. 2. Aufl. Leoni, o.J.

Grosser, Hubert. *Das Volk ohne Staat: Von der Babylonischen Gefangenschaft der Deutschen*. Bad Neustadt, 1981.

Guderian, Heinz. *Erinnerungen eines Soldaten*. 17. Aufl. Stuttgart, 2001.

Hagspiel, Hermann. *Die Ostmark: Österreich im Großdeutschen Reich 1938 bis 1945*. Wien, 1995.

Hitler, Adolf. *Mein Kampf*. München, 1937.

Höbelt, Lothar. *1848: Österreich und die deutsche Revolution*. Wien/München, 1998.

Höhne, Heinz. *Die Machtergreifung*. Hamburg, 1983.

Irving, David. *Göring: Eine Biographie*. Hamburg, 1989.

Kernbauer, Hans u. Fritz Weber. „Österreichs Wirtschaft 1938–1945." In Emmerich Tálos, Ernst Hanisch u. Wolfgang Neugebauer (Hrsg.). *NS-Herrschaft in Österreich 1938–1945*. Wien, 1988.

Koch, Hannsjoachim W. *Der deutsche Bürgerkrieg: Eine Geschichte der deutschen und österreichischen Freikorps 1918–1923*. 2. Aufl. Dresden, 2002.

ders. *Die deutschen Armeen im 19. und 20. Jahrhundert*. Berg, 1999.

Landhoff, Werner. *Die großen Militärparaden des Dritten Reiches*. Kiel, 2002.

Lindenblatt, Bernhard. *Preußenland: Geschichte Ost- und Westpreußens 1701–1945.* Kiel, 2001.

Mann, Golo. *Deutsche Geschichte des 19. und 20. Jahrhunderts.* Frankfurt/M., 1992.

Meier-Stein, Hans-Georg. *Die Reichsidee 1918–1945: Das mittelalterliche Reich als Idee nationaler Erneuerung.* Aschau, 1998.

Mommsen, Wolfgang. „Freiheit und Einheit als Ziel der Revolution: Zur historischen Einordnung." In *Frankfurter Rundschau.* Sonderbeilage. (18.5.1998) S. 3 f.

Müller, K.A. v. u. P.R. Rohden (Hrsg.). *Knaurs Weltgeschichte: Von der Urzeit bis zur Gegenwart.* Berlin, 1935.

Mulley, Klaus-Dieter. „Modernität oder Traditionalität? Überlegungen zum sozialstrukturellen Wandel in Österreich." In Emmerich Tálos, Ernst Hanisch u. Wolfgang Neugebauer (Hrsg.). *NS-Herrschaft in Österreich 1938–1945.* Wien, 1988.

Nolte, Ernst. *Der europäische Bürgerkrieg 1917–1945: Nationalsozialismus und Bolschewismus.* 6. Aufl. München, 2000.

ders. *Historische Existenz: Zwischen Anfang und Ende der Geschichte?* München, 1998.

Orthband, Eberhard. *Deutsche Geschichte: Lebenslauf des deutschen Volkes – Werdegang des Deutschen Reiches.* Laupheim, 1955.

Overesch, Manfred. *Chronik deutscher Zeitgeschichte: Das Dritte Reich 1933–1939.* Bd. 2, 1. Halbbd. Düsseldorf, 1982.

o. V. „Glocken läuten Österreichs Freiheit ein." In *Frankfurter Allgemeine Zeitung.* Nr. 113. (16.5.1955) S. 1.

Pahl, Franz. *Tiroler Einheit – jetzt! Der Plan zur Wiedervereinigung Südtirols mit Österreich.* Kiel, 1991.

Pallaver, Günther. „„Ihr Deutsche, gebt uns Brüdern Raum/Da wir nach Norden schreiten": Eine großdeutsche Lösung für Tirol?" In Rolf Steininger (Hrsg.). *Innsbrucker Forschungen zur Zeitgeschichte.* Bd. 3. Innsbruck, 1988.

Picker, Henry. *Hitlers Tischgespräche im Führerhauptquartier.* Wiesbaden, 1983.

Ploetz, Der große: Die Daten-Enzyklopädie der Weltgeschichte. 32. Aufl. Frechen, 1998.

Riedmann, Josef. „Der „Tiroler Landestrauertag" am 10. Oktober im jährlichen Gedenken an die Annexion Südtirols durch Italien." In Franz Riedl e.a. (Hrsg.). *Tirol im 20. Jahrhundert: Festschrift für Viktoria Stadlmayer.* Bozen, 1989. S. 191–202.

Salomon, Ernst v. (Hrsg.). *Das Buch vom deutschen Freikorpskämpfer.* Berlin, 1938.

Schausberger, Norbert. „Deutsche Anschlußaspirationen 1918/19." In Isabella Ackerl u. Rudolf Neck (Hrsg.). *Österreich November 1918: Die Entstehung der Ersten Republik, Protokoll des Symposiums in Wien am 24. und 25. Oktober 1978.* München, 1986. S. 66–100.

Scheithauer, Erich, Grete Woratschek u. Werner Tscherne. *Geschichte Österreichs in Stichworten: Teil V: Die Zeit der Demokratischen Republik Österreich von 1918 bis 1934.* Wien, 1983.

Scheithauer, Erich, Herbert Schmeiszer, Grete Woratschek e.a. *Geschichte Österreichs in Stichworten: Teil VI: Vom Ständestaat zum Staatvertrag von 1934 bis 1955.* Wien, 1984.

Scheuch, Manfred. *Historischer Atlas Deutschland: Vom Frankenreich bis zur Wiedervereinigung.* Augsburg, 2000.

Schreyber, Kai S. (Hrsg.) *Warum wir Adolf Hitler wählten: Jungwähler von 1933/38 berichten.* Kiel, 2001.

Schunck, E. u. H. De Clerck. *Allgemeines Staatsrecht und Staatsrecht des Bundes und der Länder.* 1973.

Speer, Albert. *Erinnerungen.* Frankfurt/M., 1975.

Stourzh, Gerald. „Zur Genese des Anschlußverbots in den Verträgen von Versailles, Saint Germain und Trianon." In Isabella Ackerl u. Rudolf Neck (Hrsg.). *Saint-Germain 1919: Protokoll des Symposiums am 29. und 30. Mai 1979 in Wien.* München, 1989. S. 41–53.

Tansill, Charles C. *Die Hintertür zum Kriege: Das Drama der internationalen Diplomatie von Versailles bis Pearl Harbour.* Selent, 2000.

Tálos, Emmerich. „Sozialpolitik 1938 bis 1945." In Emmerich Tálos, Ernst Hanisch u. Wolfgang Neugebauer (Hrsg.). *NS-Herrschaft in Österreich 1938–1945.* Wien, 1988.

Veiter, Theodor. „Grundgedanken zum Selbstbestimmungsrecht der Südtiroler." In Franz Riedl e.a. (Hrsg.). *Tirol im 20. Jahrhundert: Festschrift für Viktoria Stadlmayer.* Bozen, 1989. S. 235–251.

Das Versailler Diktat: Vorgeschichte – Vollständiger Vertragstext – Gegenvorschläge der deutschen Regierung. Vorw. v. Franz Uhle-Wettler. Kiel, 1999.

Volgger, Friedl. „Eine fast vergessene Vereinbarung." In Franz Riedl e.a. (Hrsg.). *Tirol im 20. Jahrhundert: Festschrift für Viktoria Stadlmayer.* Bozen, 1989. S. 253–256.

Weinberg, Gerhard L. *Eine Welt in Waffen: Die globale Geschichte des Zweiten Weltkriegs.* Hamburg, 2002.

Weinhold, Manfred. *Deutschlands Gebietsverluste 1919–1945: Handbuch und Atlas.* 3., überarb. Aufl. Kiel, 2001.

Weißmann, Karlheinz. *Nation?* Bad Vilbel, 2001.

ders. *Der Weg in den Abgrund: Deutschland unter Hitler 1933–1945.* 2. Neuausgabe. München, 1997.

Wellems, Hugo. *Das Jahrhundert der Lüge: Von der Reichsgründung bis Potsdam 1871–1945.* Vorw. v. H. Diwald. 2. Aufl. Kiel, 2000.

Zentner, Christian. *Heim ins Reich: Der Anschluß Österreichs 1938.* München, 1988.

Zöllner, Erich. *Geschichte Österreichs: Von den Anfängen bis zur Gegenwart.* 6. Aufl. München, 1979.

Zürner, Bernhard. *Hitler – Feldherr wider Willen? Unbekanntes und Verschwiegenes.* Stegen, 2001.

DER ÖSTERREICH-ANSCHLUSS 1938

Register

Die Stichwörter „Anschluß", „Adolf Hitler", „Österreich" und „Österreich-Anschluß" sind – da durchgehend vertreten – im Register nicht aufgeführt. Die Zahlen in *kursiv* beziehen sich auf die Nennung der Stichwörter im Farbbildteil.

Anschlußverbot 11, 15, 18, 21, 27, 29
Aussig 16
Austrofaschismus 13, 15 f., *128*
Bauer, Otto 14
Bayern 5 ff., 15, 17, 21
Berchtesgaden 16
Berchtesgadener Abkommen (1938) 16, 18 ff.
Berlin 8, 16 f., 19 f., 23 ff., 28 f., *56*
Bismarck, Otto von 9 f., 22
Blumenfeldzug 21, *36*
Böhmen und Mähren 14
Bormann, Martin *128*
Bozen 28
Braunau am Inn 21, 25, *38*
Bregenz 25
Bruck an der Mur 21
Bruneck 28, *132, 136 f., 140*
Bürckel, Josef 23 f., *29, 67*
Clemenceau, Georges Benjamin 11
Danzig 16
Deutschösterreich 8, 10 ff., 14, 18, 22, 29
Dollfuß, Engelbert 13 ff.
Dolomiten 28
Donaumonarchie 8 ff., 12, 16
Dreibund (1882) 10
Dulles, John Foster 26
Eisenhower, Dwight David 25
Elsaß-Lothringen 10
England 8, 10, 28
Enns 25
Ermächtigungsgesetz (1917) 15
Europa 5 ff., 10, 13 f., 16, 18, 22, 26, 28
Faschismus 13, 15 f., 18
Festung Landsberg 16
Fey, Major Emil 13
Figl, Leopold 26
Frankfurt 8 f., 29
Frankreich 6 ff., 10, 13, 15
Franz Joseph I. 9 f.
Frick, Wilhelm *40, 56*
Friedrich II. (der Große) 7
George, Lloyd 11
Glaise-Horstenau, Eduard 20
Globocnik, Odilo 18
Goebbels, Dr. Joseph *56 f.*
Göring, Herrmann 19 ff., 24, 29
Gloggnitz 25
Goremykin, Iwan Longinowitsch 10
Graz 21, 23, 25, *57, 61 f., 66, 70*
Halifax, Lord Edward 16
Hallein 16
Henderson, Neville 19
Heß, Rudolf *40*
Hessen, Prinz Philipp von 21
Heuss, Theodor 11
Hewel, Walther *128*
Heydrich, Reinhard *52*
Himmler, Heinrich 28, *52, 66 f.*

Hindenburg, Paul von 17
Hofburg 22
Hofer, Franz 28, *136, 140*
Hoffmann, Heinrich *84*
Hueber, Franz 24
Innitzer, Theodor 23
Innsbruck 16, 23, 25, *82, 84, 86, 91*
Jodl, Alfred 25
Jugoslawien 12
Juli-Abkommen (1936) 16, 18
Kärnten 12, 15, 24 ff.
Kalute, Viktor *52*
Karl der Große 5 f., 22
Keitel, Wilhelm 25, *130*
Keppler, Wilhelm 18, 21
Keynes, John Maynard 11
Klagenfurt 23, 25, *71, 74, 78*
Kleßheim, Schloß *128, 130, 132*
Knittelfeld 25
Kontrollabkommen (1945/46) 26
Kufstein *34, 36*
Lansing, Robert 11
Lausanner Protokolle (1932) 15
Leonding *38*
Linz 16, 21 ff., 25, *38, 40, 94, 100 f., 105, 108, 116, 118 f.*
Luther, Martin 7
Macmillan, Harold 26
Mähren, s. Böhmen
Meißner, Dr. Otto *128*
Metternich, Klemens W. Fürst von 8
Miklas, Wilhelm 13, 20 f.
Molotow, Wjatscheslaw 26
Mussolini, Benito 16, 19 ff., 28, *132*
Napoleon Bonaparte 7 f.
Neurath, Constantin Freiherr von 18, 29
Nibelungenbrücke *113, 116, 118*
Niederdonau 24
Oberdonau 24
Obersalzberg *132*
Operationszone Alpenvorland 28, *140*
Ortler 28
Österreich-Ungarn 9 ff.
Österreichische Legion 17
Ostmark 5 f., 17, 24
Papen, Franz von 16, 18 f.
Patton, George S. 25
Pavelic, Ante *132*
Pfeiffer, Maximilian 15
Pinay, Antoine 26
Plebiszit 19 f., 22 f.
Plettenberg, Bernhard Graf *116, 118*
Plöckenpaß 25
Portugal 8
Preußen 7 ff.
Raab, Julius 26
Rainer, Friedrich 18
Renner, Karl 14 f., 22 f., 26 ff.
Reparationsforderungen 11

Rheinbund 8
Rheintal 25
Ribbentrop, Joachim von *40, 130, 132*
Riehl, Dr. Walther 16 f.
Rom 6, 19
Rote Armee 25
Rußland 8, 10 f.
Saint Germain, Vertrag von (1919) 10 f., 14, 17, 21 f., *45*
Salurner Klause 28
Salzburg 14 ff., 22 ff., *94, 96, 128, 132*
Salzkammergut 21
Schirach, Baldur von *62*
Schlesien 7
Schwaben 21
Schwarzach *82*
Schweden 8
Seipel, Ignaz 12, 15
Seyß-Inquart, Dr. Arthur 18 ff., *29, 34, 67, 96*
Siebenjähriger Krieg (1756–1763) 7
Slawisierung 10
Spanien 6 ff.
Spanischer Bürgerkrieg 19
Steiermark 6, 12, 14 f., 21, 24, 26
Steidle, Richard 15
Steyr 25
St. Anton 25
St. Pölten 16
St. Veit *82*
Straffner, Sepp 14
Sudetenland 12
Südtirol 12, 26 ff., 30, *132, 136, 140 f.*
Tirol 24 ff., 28, *90*
Tirol-Vorarlberg 24, *137*
Todt, Dr. Fritz *96*
Tolbuchin, Fedor J. 25 f.
Tschechoslowakei 12, 15 f., 23
Umsiedlung 28, *132*
Urfahr *112*
Vaugoin, Carl 13
Versailles, Vertrag von 11, 17, *45*
Villach 25
Volksbefragung, s. Plebiszit
Vorarlberg 15, 17, 25 f.
Wahlkampfreise (1938) 23, *57, 82, 94, 122*
Walgau 25
Weimarer Republik 11 f., 14, 17
Weltkrieg, Erster (1914–1918) 10, 13, 23, 27
Weltkrieg, Zweiter (1939–1945) 25, 27 f., *119*
Weltwirtschaftskrise (1929) 14
Westfälischer Friede (1648) 7 f.
Wien 8, 12 f., 15 ff., 19 ff., 29, *36, 41, 44, 48 f., 52, 62, 96, 122 f., 126, 128*
Wilson, Woodrow 12, 27
Wörgl 25
Zernatto, Guido 20

Am Ende eines langen diplomatischen Ringens hat der österreichische Bundeskanzler Kurt von Schuschnigg seinen Kampf um die Getrenntstaatlichkeit Österreichs aufgegeben. Wenige Stunden nach der Berufung des nationalsozialistischen Innenministers Arthur Seyß-Inquart zum Bundeskanzler treffen am 12. März 1938 reichsdeutsche Truppen in Österreich ein. Morgens um acht Uhr überschreiten sie die Grenze bei Kufstein.

Für einen Moment hält die Bevölkerung den Atem an. Wird es zu einem Aufeinanderprallen reichsdeutscher und österreichischer Truppen kommen? Als sich zeigt, daß sich die Truppen statt einer Konfrontation offen verbünden – oben im Bild ein hochdekorierter Offizier der k.u.k.-Armee mit einer spontan angelegten Hakenkreuzarmbinde –, kennt die Begeisterung der Bevölkerung keine Grenzen mehr. Der Weg der Soldaten von Kufstein nach Wien geht als „Blumenfeldzug" in die Geschichte ein.

Rechts: Von Kufstein aus marschieren die Truppen gen Wien.

Am selben Tage wie die Wehrmacht überschreitet auch der deutsche Reichskanzler Adolf Hitler die Grenze. Bei Braunau, seinem Geburtsort (Seite rechts), betritt Hitler am 12. März 1938 österreichisches Territorium. Er reist weiter nach Linz, wo er um 20 Uhr eintrifft. Hitler besucht auch den Leondinger Friedhof, auf dem seine Eltern ruhen (oben). Das Elternhaus in Leonding, das seinem Vater Alois Hitler gehörte, wird in den folgenden Jahren zu einer lokalen Sehenswürdigkeit (unten).

Foto: Archiv des Verlages

Am 13. März 1938 unterzeichnen zusammen mit Hitler Reichsminister des Innern Wilhelm Frick, Reichsminister des Äußeren Joachim von Ribbentrop und Reichsminister ohne Geschäftsbereich Rudolf Heß in Linz das Reichsgesetz über den

Anschluß Österreichs an das Deutsche Reich. Aus Linz kommend, trifft Hitler am folgenden Tag um 17.30 Uhr in Wien ein (oben und nächste Doppelseite), wo er mit Glockengeläut und Jubel der Bevölkerung willkommen geheißen wird.

In ganz Wien – hier vor dem Parlamentsgebäude – säumen freudige Menschen die Straße und grüßen den Reichs-

kanzler mit dem „deutschen Gruß". Der Wunsch nach Vereinigung mit dem Deutschen Reich ist zugleich eine Absage an die Verträge von Versailles und St. Germain, die beide Staaten gegen den Willen ihrer Bevölkerung trennten.

Hitler steigt im Wiener Hotel Imperial ab. Eine große Menschenmenge fordert Hitler in Sprechchören auf, sich zu zeigen. Gegen Abend kommt er der Aufforderung mehrmals nach.

Nächste Doppelseite: In seiner Rede vom Balkon der neuen Hofburg erstattet der Reichskanzler der Wiener Bevölkerung die „größte Vollzugsmeldung meines Lebens", nämlich „den Eintritt meiner Heimat in das Deutsche Reich".

Am 15. März findet in Wien eine gemeinsame Parade der reichsdeutschen und der österreichischen Wehrmacht statt, die die gegenseitige Freundschaft bekunden soll. Es folgt die feierliche Vereinigung der reichsdeutschen und der österreichischen Polizei auf dem Heldenplatz. Verkehrspolizei (oben), Militär und Polizei (unten) wohnen der Ansprache von Polizeioffizier Viktor Kalute (rechts) bei. Rechts hinter ihm stehen General der Polizei Kurt Daluege und SS-Gruppenführer Reinhard Heydrich. Die Vereidigung der österreichischen Polizei auf Hitler wird anschließend von Reichsführer-SS Heinrich Himmler vorgenommen (nächste Doppelseite).

*A*m 13. März hatte Hitler eine Volksabstimmung über den Anschluß Österreichs befohlen, die für den 10. April angesetzt war. Verantwortlich für die Durchführung der Vereinigung war Reichsminister des Innern Wilhelm Frick. Der Wahlkampf wurde am 22. März im Berliner Sportpalast durch Reichsminister Dr. Josef Goeb-

bels eröffnet. Am 25. März begann Adolf Hitler seine Wahlkampfreise: Er sprach nacheinander in den größten Städten des Deutschen Reiches, beginnend mit Königsberg; am 3. April kommt Hitler nach Graz, wo er feierlich empfangen wird. Eine Polizeiformation ist zu seiner Begrüßung angetreten.

*G*razer Hitlerjugend (HJ) marschiert mit ihren Fahnen durch die Stadt zum Versammlungsplatz und erwartet das Eintreffen des Reichskanzlers (vorige Doppelseite und oben).

In Österreich wurde die Hitlerjugend 1938 unmittelbar nach Inkrafttreten des Anschlusses bei Auflösung aller anderen Jugendorganisationen eingeführt. Hitlerjugend (oben) und Bund Deutscher Mädel umfaßten die 14- bis 18jährigen Jungen und Mädchen. Die HJ wurde bis 1940 von Baldur von Schirach, dem späteren Gauleiter und Reichsstatthalter von Wien, geleitet.

Rechts: Hitler trifft in Graz ein. Verschiedene Parteiformationen sind zu seiner Ankunft angetreten, so etwa Abteilungen des Nationalsozialistischen Kraftfahrkorps (NSKK) und der SA (nächste Doppelseite).

Im Gefolge Hitlers treffen weitere hochrangige Vertreter aus Staat und Partei in Graz ein: Auch Reichsführer-SS Heinrich Himmler wird von der Bevölkerung begrüßt (oben).

Nächste Doppelseite: Bei einer Wahlkampfveranstaltung sitzen reichsdeutsche und österreichische Politiker auf einer Tribüne. Links neben Hitler sind Dr. Arthur Seyß-Inquart, neben diesem Heinrich Himmler zu sehen, rechts Josef Bürckel, Hitlers „Reichsminister für die Wiedervereinigung Österreichs mit dem Deutschen Reich".

Auf einer Strecke von vier Kilometern Länge hatte die Grazer Bevölkerung der Kolonne Hitlers zugejubelt. Den Höhepunkt bildete Hitlers anschließende Ansprache in der Weizer Waggonfabrik vor 30.000 Menschen. Die stillgelegte Waggonfabrik nahm kurz darauf dank einer Bestellung der Deutschen Reichsbahn ihren Betrieb wieder auf.

Nächste Doppelseite: Auch in Klagenfurt zieht am 4. April 1938 Hitlers Ansprache eine große Menge Menschen an, die den deutschen Reichskanzler mit eigenen Augen und Ohren sehen und hören wollen.

Auf dem Lindwurmbrunnen, dem Wahrzeichen von Klagenfurt, erhoffen sich die Menschen eine bessere Sicht auf Hitler und harren dort schon Stunden vor seiner Ankunft aus. Die ganze Stadt ist mit Hakenkreuzfahnen und -wimpeln geschmückt.

*N*ächste Doppelseite: Eine Abteilung der deutschen Wehrmacht ist am Walther von der Vogelweide-Platz angetreten. Teilweise tragen die Soldaten noch ihre alten österreichischen Uniformen, auf die die neuen Abzeichen der Wehrmacht genäht wurden.

Die Wagenkolonne Hitlers trifft in Klagenfurt ein. Formationen säumen den Weg zum Rathaus, wo Hitler am Abend in der Festhalle zu den Kärntnern sprechen wird.

Rechts: Ein SA-Führer beobachtet offensichtlich bewegt den Einzug Hitlers in Klagenfurt. Auch eine SA-Formation hat in weißen Hemden und Lederhosen – also der Bekleidung der Uniformverbotszeit – Aufstellung genommen (nächste Doppelseite).

Zwischenhalt auf dem Weg nach Innsbruck: Am 5. April ist eine Abordnung der Wehrmacht zum Empfang Hitlers auf dem Bahnhof von Schwarzach/St. Veit angetreten. Hitler benutzt auf seiner Wahlkampfreise häufig den Zug,

um seinen Terminplan überhaupt einhalten zu können: Wenn er die Straße wählt, wird seine Autokolonne auch in kleineren Orten von begeisterten Menschenmassen einfach festgehalten.

Der Jubel der Bevölkerung ist überbordend, vielen Menschen treiben die Ereignisse Freudentränen in die Augen. Ein österreichischer Wehrmachtsoldat, noch in seiner alten Uniform (oben), hält den Augenblick im Foto fest.

Rechts: Hitler grüßt in Innsbruck die jubelnden Menschen vom Balkon aus. Rechts im Bild fotographiert Heinrich Hoffmann, Reichsbildberichterstatter der NSDAP.

Oben und nächste Doppelseite: Die Ankunft Hitlers in Innsbruck, wo er im Landeshaus sprechen wird, findet am 5. April 1938 statt. Hier zeigt er sich der jubelnden Bevölkerung auf dem geschmückten Balkon des Hotels Tyrol.

Wie überall in den Landeshauptstädten Österreichs haben sich Hunderttausende auf den Straßen versammelt. Die Begeisterung kennt offensichtlich weder soziale noch Altersschranken.

Die Parolen sprechen eine deutliche Sprache: Schon am 24. April 1921 hatten die Tiroler in einer Volksabstimmung mit über 98 Prozent der Stimmen für einen Anschluß an das Deutsche Reich gestimmt. Doch die westlichen De-

mokratien hatten die Stimme des Volkes ignoriert und den Anschluß verboten. So wurde aus „Ein Volk, ein Reich" von 1920/21 nun im Jahre 1938 in Innsbruck die Parole: „Ein Volk, ein Reich, ein Führer."

Vorherige Doppelseite: In Salzburg säumen am 6. April bereits wieder Zehntausende die Straßen. Angesichts des gewaltigen Andrangs haben nur wenige eine Chance, Hitlers Wahlkampfrede im Festspielhaus zu hören.

Oben: Beim Eintreffen der Wagenkolonne bricht allgemeiner Jubel aus.

Der Generalinspektor für das deutsche Straßenwesen Dr. Fritz Todt hatte am 18. März 1938 angekündigt, das Reichsautobahnprogramm nun auch auf österreichisches Gebiet auszudehnen. Mit dem ersten Spatenstich eröffnet Hitler am 7. April auf dem Walserberg bei Salzburg den Bau der Autobahnstrecke München – Salzburg – Wien. Aus diesem Anlaß sprechen Dr. Seyß-Inquart (oben) und Adolf Hitler (rechts).

Foto: Walter Frentz

Foto: Walter Frentz

Vorige Doppelseite: Für seine Lieblingsstadt Linz plante Hitler umfassende bauliche Veränderungen.

Weil Hitler seine Jugend in Linz verbrachte, erhielt die Stadt den Beinamen „Jugendstadt". Als solche grüßte

sie den Reichskanzler festlich geschmückt – u.a. am Hauptbahnhof (oben) und am Adolf Hitler-Platz (nächste Doppelseite) – in Erwartung seines Wahlkampfbesuches am 8. April 1938, bei dem er öffentlich seiner Jugendzeit in Linz gedachte.

Auf dem bereits zum Adolf Hitler-Platz umbenannten Hauptplatz (oben und nächste Doppelseite) pulsiert das Leben. Am Ende des Platzes ist die barocke Dreifaltigkeitssäule zu erkennen, im Hintergrund der im Norden lie-

gende Pöstlingberg, der Hausberg von Linz.

Nächste Doppelseite: Die Landstraße in der Höhe des Taubenmarktes Richtung Norden. Rechts im Bild ist der alte Dom zu sehen.

KAUFT OSRAM ⬡ LAMPEN

Die Patenstadt dankt dem Führer mit Ja

EIN VOLK

EIN•REICH

EIN FÜHRER

VERKEHRSBUREAU

Zahllose Linzer haben entlang der Straße Aufstellung genommen, um Hitlers Wagenkolonne zu grüßen. Rechts im Bild ist das neue Gebäude der Arbeiterkammer an der Ecke Coulinstraße/Volksgartenstraße zu sehen (oben).

Nächste Doppelseite: Sobald die Wagenkolonne eintrifft, kennt die Begeisterung von jung und alt keine Grenzen.

Auch bei der Schiffsanlegestelle der Donau-Dampf-Schiffahrts-Gesellschaft (DDSG) sind Parteiformationen gemeinsam angetreten. Auf der anderen Seite der Donau liegt Urfahr, im Hintergrund ist das Mühlviertel mit dem Haselgraben zu sehen.

Nächste Doppelseite: Die Menschenkette reicht hinunter bis zur alten Donaubrücke am Fischmarkt, die bald nach dem Anschluß abgetragen und durch die Nibelungenbrücke ersetzt wurde.

Der Bildhauer Bernhard Graf Plettenberg erhielt seinen größten Auftrag im Jahre 1939: Er sollte bei der Verschönerung von Linz mithelfen. Die neu errichtete Nibelungenbrücke sollte mit vier monumentalen Reiterstandbildern von jeweils sechs Metern Höhe geschmückt werden, die die wichtigsten Gestalten des Nibelungenliedes darstellten: Siegfried (oben), Krimhild (rechts), Gunther und Brunhild. Aufgrund des Kriegseinsatzes des Künstlers konnte jedoch das Werk nicht vollendet werden, die gezeigten Plastiken sind lediglich Gipsmodelle in der geplanten Originalgröße.

Blick über die Nibelungenbrücke Anfang der vierziger Jahre. Zwischen den beiden Plastiken „Siegfried" und „Krimhild" von Graf Plettenberg ist das noch im Bau befindliche Gebäude des Oberfinanzpräsidiums zu sehen und weiter hinten im Bild die Dreifaltigkeitssäule auf dem Linzer Adolf Hitler-Platz (oben).

Nächste Doppelseite: Der Krieg macht auch vor Österreich nicht halt. Die Hochofenanlage der Vereinigten Österreichischen Eisen- und Stahlwerke (VÖEST) in Linz an der Donau im Jahre 1943. Im Zweiten Weltkrieg war Linz ein wichtiger Rüstungsstandort, in dem unter anderem Panzer gefertigt wurden.

Foto: Walter Frentz

Am 9. April 1938 erreicht Hitler mit Wien die zehnte Großstadt und letzte Station seiner Wahlkampfreise für die Volksabstimmung am 10. April. Die ehemalige Hauptstadt Österreichs ist mit Plakaten und Bannern geschmückt – hier eine große Werbetafel vor dem Wiener Stephansdom –, die um Zustimmung zum erfolgten An-

schluß bei der bevorstehenden Wahl werben (oben).

Nächste Doppelseite: Auch in Wien müssen die Menschenmassen von Ordnern zurückgehalten werden, damit die Wagenkolonne Hitlers überhaupt durchkommt. Jeder versucht, den Führer des Großdeutschen Reiches mit eigenen Augen zu sehen.

1906 hatte der junge Adolf Hitler Wien erstmals für wenige Wochen besucht, und es hatte ihn stark

beeindruckt. Hitler war stets den Künsten sehr zugetan – der Malerei, Musik und Architektur – und schöpfte die Möglichkeiten der Kulturmetropole in vollen Zügen aus, so z.B. beim Besuch der Staatsoper (oben) in der Ringstraße.

*A*uch mit dem Burgtheater (oben) verbanden sich für ihn positive Empfindungen, nicht jedoch mit dem Wiener Parlament (unten). Zwar bewunderte Hitler die monumentale Bauweise des Gebäudes in der Ringstraße, das er auch häufig mit seinem Jugendfreund August Kubizek besuchte, doch den Parlamentarismus lehnte er bald ab.

*R*echte Seite: In einem autoritären Regime – Österreich kannte das durch den Austrofaschismus seit 1933 – sind Parlamente überflüssig. Daher fand staatliche Repräsentation andernorts statt, z.B. in Schloß Kleßheim bei Salzburg, einem Barockschloß, das die Reichsregierung als Gästehaus für Staatsbesuche herrichten ließ. Hier betritt Hitler mit Staatsminister Dr. Otto Meißner (rechts neben Hitler) sowie Reichsleiter Martin Bormann und Botschafter Walther Hewel das Schloß.

Foto: Walter Frentz

Bei Staatsbesuchen fanden im Gästehaus auch Empfänge statt: Adolf Hitler im Gespräch mit Generalfeldmarschall Wilhelm Keitel und mit Reichsminister des Äußeren Joachim von Ribbentrop (oben und rechts). Der Um- und Ausbau von Schloß Kleßheim war als „kriegswichtiger Bau" betrieben und im Dezember 1942 abgeschlossen worden.

Schloß Kleßheim war verkehrsgünstig gelegen: Die Reichsautobahn München – Salzburg verlief in der Nähe, die Flugplätze Ainring und Maxglan sowie ein Bahnhof lagen nahebei, und nicht zuletzt war das Schloß rasch vom Obersalzberg aus zu erreichen. Deshalb sah es viele Persönlichkeiten: Reichsminister des Äußeren Joachim von Ribbentrop im Gespräch mit dem kroatischen Staatschef Ante Pavelic. Im Hintergrund sind an der Einfahrt zum Schloßgelände zwei jeweils drei Meter hohe Adlerplastiken zu sehen, die das Tor flankieren (oben).

Rechts: Mit dem Anschluß Österreichs keimte auch in Südtirol wieder Hoffnung auf, der seit 1919 währenden Besetzung durch Italien und der nachhaltigen faschistischen Entdeutschung doch noch zu entrinnen. Aber Hitler fühlte sich an sein Wort gegenüber Mussolini gebunden. Erst als Italien sich 1943 auf die Seite der Alliierten schlug, ließ Hitler die Umsiedlung der Südtiroler stoppen, und nun wehten auch über dem Land an der Etsch – wie hier in Bruneck – Hakenkreuzfahnen.

Foto: Walter Frentz

Vorige Doppelseite: Anläßlich eines Schützenfestes begeben sich Brunecker Männer und Frauen in ihren traditionellen Volkstrachten zur Festwiese. Die Trachten betonten und festigten die deutsche Identität der Südtiroler, die sich keinesfalls italienisieren lassen wollten.

Im Mai 1938 wurde Franz Hofer, der 1933 wegen seiner nationalsozialistischen politischen Betätigung in Österreich zu zwei Jahren Gefängnis verurteilt worden war, Gauleiter der NSDAP im Gau Tirol-Vorarlberg. Bei seiner Ankunft auf dem Schützenfest in Bruneck im Pustertal 1943 wird er von Kindern mit Blumensträußen begrüßt (oben).

Foto: Walter Frentz

Vorige Doppelseite: Gauleiter Franz Hofer läßt es sich nicht nehmen, beim Brunecker Schützenfest mitzuschießen. Für Südtirol, das nicht zu seinem Gau gehörte, war Hofer ab 10. September 1943 als Oberster Kommissar der „Operationszone Alpenvorland" zuständig.

*G*erne nimmt Hofer die Gelegenheit wahr, sich inmitten der Schützenfestteilnehmerinnen ablichten zu lassen (oben).

*N*ächste Seite: Schon die Jüngsten tragen in Südtirol stolz die traditionelle Tracht ihrer Vorväter.

Foto: Walter Frentz

Bildbände zur Zeitgeschichte

FRANZ W. SEIDLER
PHANTOM ALPENFESTUNG?
Die geheimen Baupläne
der Organisation Todt

160 S. – viele s/w. Abb. und farb. Baupläne – geb. im Atlas-Großformat – € 20,40. – Die Gerüchte von einer deutschen Alpenfestung hatten eine reale Grundlage. Dieses Buch veröffentlicht die Geheimpläne für die Bunkeranlagen, in denen die Reichsdienststellen untergebracht werden sollten.

REINHARD OLTMANN
DER RUSSLANDKRIEG IN FARBE
Band I: Sturm auf Moskau (1941)

Jeder Band 160 S. – durchgängig vierfarbig – geb. im Atlas-Großformat – € 25,50 je Band – Das erste Jahr des Ostfeldzuges war gekennzeichnet von immensen Geländegewinnen und riesigen Kesselschlachten. In atemberaubenden Farbfotos erwachen Faszination und Schrecken des Feldzugs zu neuem Leben. Bd. II und III sind in Vorbereitung.

WERNER LANDHOFF
DIE GROSSEN MILITÄRPARADEN DES DRITTEN REICHES
Zeitgeschichte in Bildern

160 S. – viele farb. Abb. – geb. im Atlas-Großformat – € 25,80. – In atemberaubenden, meist farbigen Fotos erwachen die herausragendsten Paraden des Dritten Reiches zu neuem Leben: Heldengedenktage, Führergeburtstage, die „Tage der Wehrmacht" auf den Reichsparteitagen und weitere Militärparaden.

FRITJOF SCHAULEN
DIE DEUTSCHE MILITÄRELITE 1939–1945
Zeitgeschichte in Farbe

160 S. – durchgängig farbig – geb. im Atlas-Großformat – € 25,80. – Die Oberbefehlshaber von Heer, Marine, Luftwaffe und SS, die Generalfeldmarschälle, viele Armee- und Heeresgruppenführer sowie die Träger des Ritterkreuzes mit Eichenlaub, Schwertern und Brillanten zeigt dieser Band.

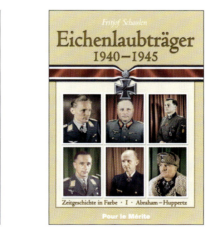

FRITJOF SCHAULEN
EICHENLAUBTRÄGER 1940–1945
Band I: Abraham – Huppertz

144 S. – durchgängig vierfarbig – geb. im Atlas-Großformat – € 25,50. – Das „Ritterkreuz mit dem Eichenlaub" wurde bis Kriegsende an insgesamt 890 Soldaten verliehen. Die abgebildeten Eichenlaubträger werden mit Kurzbiographien gewürdigt und in ganzseitigen farbigen Porträts gezeigt. Bd. 2 und 3 sind in Vorbereitung.

MANFRED WEINHOLD
DEUTSCHLANDS GEBIETSVERLUSTE 1919–1945
Handbuch und Atlas

128 S. – viele s/w. Karten und Tabellen – geb. im Atlas-Großformat – € 17,50. – An der Verstümmelung Deutschlands wirkten jahrzehntelang seine Nachbarn in allen Himmelsrichtungen mit. Dieses Handbuch will an die Annexionen erinnern, damit keines der Gebiete in Vergessenheit gerät.

Verlagsgruppe Lesen & Schenken, Postfach 3603, 24035 Kiel

Bildbände zur Zeitgeschichte

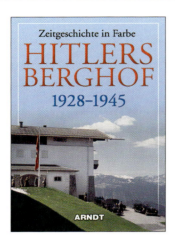

HITLERS BERGHOF 1940–1945
Zeitgeschichte in Farbe
160 S. – durchgängig vierfarbig – geb. im Atlas-Großformat – € 25,80. – Der „Berghof" auf dem Obersalzberg nahm im Dritten Reich eine wichtige Rolle ein: Hier empfing Hitler Gäste aus dem In- und Ausland – Künstler, Offiziere und ausländische Staatsmänner. Mit diesem Buch liegt endlich eine voll befriedigende Veröffentlichung zum Thema vor.

FÜHRERHAUPTQUARTIER WOLFSCHANZE 1940–1945
Zeitgeschichte in Farbe
160 S. – durchgängig vierfarbig – geb. im Atlas-Großformat – € 25,80. – Nach dem Riesenerfolg von „Hitlers Berghof" setzt dieser brillante Bildband die Wiedergabe gestochen scharfer, überragender Farbfotos aus der unmittelbaren Umgebung Hitlers in seinem ostpreußischen Führerhauptquartier „Wolfschanze" fort.

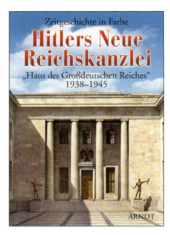

HITLERS NEUE REICHSKANZLEI
„Haus des Großdeutschen Reiches" 1938–1945
176 S. – durchgängig vierfarbig – geb. im Atlas-Großformat – € 25,80. – Die Neue Reichskanzlei war ab 1939 offizieller Amtssitz Adolf Hitlers. Hier fanden Staatsbesuche, Empfänge und Zeremonien statt. Persönlichkeiten aus Militär und Partei, internationale Gäste und Künstler zeichnen ein schillerndes Porträt der Reichshauptstadt.

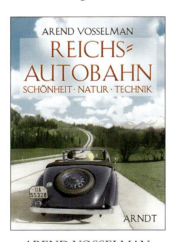

AREND VOSSELMAN
REICHSAUTOBAHN
Schönheit, Natur, Technik
176 S. – viele farb. u. s/w. Abb. – geb. im Atlas-Großformat – € 25,80. – Pionierleistung, organisatorischer Geniestreich und ästhetische Vollendung: Der Wirkung des „Gesamtkunstwerkes" Reichsautobahn kann sich niemand entziehen. Eine Reichsautobahn-Reise in bisher unveröffentlichten Bildern mit sachkundiger Einführung.

HEINZ SCHÖN
HITLERS TRAUMSCHIFFE
Die „Kraft durch Freude"-Flotte 1934–1939
160 S. – viele, meist farb. Abb. – geb. im Atlas-Großformat – € 20,40. – Die KdF-Schiffe machten erstmals in der Geschichte Seereisen auch für Arbeiter möglich. Umfangreiche Text-Bilddokumentation über die Schiffe und ihre Traumziele: Italien, Madeira, Teneriffa, Norwegen usw.

REICHSMINISTER RUDOLF HESS
Zeitgeschichte in Bildern
160 S. – viele s/w. u. farb. Abb. – geb. im Atlas-Großformat – € 25,80. – Die Stationen eines tragischen, stets aufrechten Lebens sind in diesem Bildband nachgezeichnet: Vom Stellvertreter Hitlers zum längsten Gefangenen der Neuzeit, bis zu seinem unfreiwilligen Tod in Spandau. Einzigartige, großformatige Bilder.

ARNDT-Verlag, Postfach 3603, 24035 Kiel